生徒指導
10の原理
100の原則

気になる子にも指導が通る
110のメソッド

堀 裕嗣著

まえがき

生徒指導ができる教師――その概念が変わってきています。

かつては角刈りで強面《こわもて》、声が大きく目つきの鋭い男性教師……こういったイメージでした。その代表は四十代半ばくらいの体育教師。生徒たちが悪いことをすれば一喝し、生徒たちの壁となって学校の規範を象徴する、そんな教師が「生徒指導のできる教師」だったわけです。

しかしいつの頃からか、こうした教師たちの指導が生徒たちに通らなくなってきました。特に生徒たちがこうした教師たちに反抗しているわけではありません。この手の教師が怒鳴り始めれば、多くの生徒たちは神妙な顔つきになります。その場で反省もします。指導が落ちていないわけでもありません。指導内容がその場では〈落ちる〉のに、〈通る〉ことはないのです。

生徒たちは指導された次の日にはもうけろりとして、強面教師に「せんせ、せんせ」とまとわりついていきます。その教師が見ている前でもかまわず大騒ぎをします。教師側から見ると、昨日指導されたことは、昨日指導を受けたことによって既に終わっているのだと言わんばかりの不遜な態度に見えます。しかし、実態はそうではありません。彼らに一切の悪気はないのです。

例えば、こんな生徒を見たことはありませんか。

清掃時間に箒をもって、教室入り口で廊下にいる友達とおしゃべりに花を咲かせている。「ちゃんと掃きなさい」と注意すると、「あっ、いけない」という表情をして床を掃き始める。でも数分後、またその子を見てみると、今度は窓際で掃除当番の子とおしゃべりしている。「おいっ、さっき注意したばかりじゃないか」と注意すると、「すいませ～ん」と言って掃除を始める。今度は目を光らせているのでなんとか最後まで掃除をやりとげる。掃除の反省会でも、「今度からおしゃべりをしないで掃除に集中したいと思います」などと平然と言う。なのに次の日の清掃の時間には、また廊下の友達とおしゃべりをする。担任が横に行って顔をのぞき込むと、一瞬ポカンとした表情のあと、「あっ、すいません」などと言って床を掃き始める……。

みなさんの学級にこんな生徒はいないでしょうか。おそらく、たくさんいるのではないでしょうか。指導が〈落ちる〉のに〈通らない〉、こうした生徒たちが、いま学校で多数派を占めているのではないかとさえ思われるほどです。

いわゆる〈脱・社会生徒〉の登場です。

昔から学校教育では、問題傾向生徒を分類する用語として、〈反・社会生徒〉〈非・社会生徒〉が用いられてきました。前者は学校規範に馴染めず教師に反抗するタイプの生徒たち、後者は学校規範に馴染めずひきこもり傾向に陥る生徒たちを表していました。非行生徒が前者の代表なら、後者の代表は不登校生徒でした。

しかし、最近、我々教師が最も手を焼いている生徒たちは、悪気なく学校規範におさまらない生徒たち、即ち〈脱・社会〉の生徒たちです。彼ら彼女らは強面教師の説教やカウンセリングマインドに基づいた相談活動では行動が改まりません。もちろんその場では理解しますが、その後の行動が改まるということはないのです。

彼らを指導し、行動にまで影響を与えられるのは、むしろエンターテインメント性を発揮して彼らを楽しませることができ、「学校規範などではなく、きみたちのことを一番に考えているよ」という一見綺麗事とも思われる熱い姿勢を常日頃から演じ続けることのできる、〈サービス業的視座〉をもった教師たちです。そして私には、そうした教師たちこそが、現在、「生徒指導のできる教師」になってきているように思えるのです。

本書は、私の考える、このような「生徒指導のできる教師」像を前提に執筆しました。また、時代の要請ともいわれる教師の〈チーム力〉についても大きく意識しました。本書が、右も左もわからない新卒教師に、若さで乗り切ることに限界を感じ始めた中堅教師に、最近の子どもがわからなくなったと嘆くベテラン教師に、総じて生徒指導に悩んだり不安を感じたりしているすべての教師に、少しでもお役に立てるなら、それは望外の幸せです。

生徒指導 10の原理 100の原則

気になる子にも指導が通る 110のメソッド

Contents

●マンガに登場する先生

小坂勇介（おさかゆうすけ）

28歳の若手教師。公立中学校で英語を教えている。現在２年３組の担任。１Ｋのアパートから車で通勤。趣味はギター。

第2章 生徒指導を機能させる100の原則

第1章

生徒指導を機能させる 10の原理

生徒指導を機能させる
10の原理

1 スクール・カーストの原理

ぼくはスーパーリーダー！
私は孤独を愛しています
いじられてま〜っす

※①～⑧については14ページ参照

①スクール・カーストの原理

現代の生徒集団の特徴は？　リーダー？　いじめっ子？　生徒集団を捉え生徒指導の構えをつくる原理

〈スクール・カースト〉という言葉をご存知でしょうか。別名〈学級内ステイタス〉とも呼ばれ、学級内（或いは学年内）の子どもたち個々のステイタスを指す用語です。

学級集団を構成する子どもたちは、時代とともに変容してきています。現代の子どもたちは、〈自己主張力〉〈共感力〉〈同調力〉の総合力としての「コミュニケーション能力」の高低を互いに評価し合いながら、自らの〈スクール・カースト〉の調整に腐心していると見るのが妥当です。〈スクール・カースト〉は学級への影響力・いじめ被害者リスクを決定するとともに、子どもたちを無意識的に階級闘争へと追い込んでいる、重要な概念です。ここでは、森口朗『いじめの構造』（新潮新書、二〇〇七）の提案を軸に、まずはその概略を紹介することにしましょう。

二十一世紀に入って、教育界から政財界に至るまで、これからの人間に必要なのは「コミュニケーション能力」であると声高に主張されています。しかし、この「コミュニケーション能力」の具体が何であるのかという説得力ある論述はなかなか見られません。森口は、これを子どもたちが〈自己主張力〉〈共感力〉〈同調力〉の総合力と捉えていると分析しました。〈自己主張力〉とは自分の意見を強く主張する力、〈共感力〉とは他人を思いやる力、〈同調力〉とは周りのノリに合わせる力のことです。更に詳しくいうなら、次のようになります。

自己主張力…自分の意見をしっかりと主張することができ、他人のネガティヴな言動、ネガティヴな態度に対してしっかりと戒めることのできる力。八十年代以降、世論によって大切だと喧伝されてきた能力であり、臨教審以来の教育政策の根幹として位置づけられてきた能力でもある。

共感力…他人に対して思いやりをもち、他人の立場や状況に応じて考えることのできる力。従来から学校教育で大切と考えられ、リーダー性にとっても絶対的に必要とされ重視されてきた能力。多くの教師が「いい子」「力のある子」と評価する要素にもなっている。

同調力…バラエティ番組に代表されるような「場の空気」に応じてボケたりツッコミを入れて盛り上げたりしながら、常に明るい雰囲気を形成する力。子どもたちによって現代的なリーダーシップには不可欠と考えられ、現実的には最も人間関係を調整し得る能力。

この三つの総合力を「コミュニケーション能力」と呼びます。毒舌タイプの級友にツッコミを入れて逆にオトしたり、大人しい子やボケ役の子をイジって盛り上げたりしながら、「場の空気」によって人間関係を調整していく、そうした高度な能力です。

この三つの力の総合力を、現代的な子どもたちは無意識のうちに〈スクール・カースト〉を測る基準としていています。森口はこれをマトリクスとしてまとめ（同書45頁）、三つの力といじめ被害者リスクとの関係を提示しました。そこで分析されているのは、現代の学級が八つのキャラクターによって構成されている、ということです。これをもとに〈スクール・カースト〉の高低を図示するとすれば、いま、一般的な学級モデルは次頁の図のようになるのではないでしょうか。

①スーパーリーダー（**自**・**共**・**同**のすべてをもっている）
②残虐なリーダー（**自**・**同**をもつ）
③栄光ある孤立（**自**・**共**をもつ）
④人望あるサブリーダー（**共**・**同**をもつ）
⑤お調子者・いじられキャラ（**同**をもつ）
⑥いいヤツ（**共**をもつ）
⑦自己チュー（**自**をもつ）
⑧何を考えているかわからない（どれももたない）

しかも、ここでいう「スーパーリーダー」は現在の学級にはほとんどいません。それに対して、「お調子者」「いい奴」「自己チュー」は数多くいます。また、「残虐なリーダー」もまず確実に一定程度います。こうした集団構成が現在の学級集団の統率を著しく困難にしているのです。

しかし、この〈スクール・カースト〉は決して子どもたちだけが対象

【図】一般的な学級におけるスクール・カースト

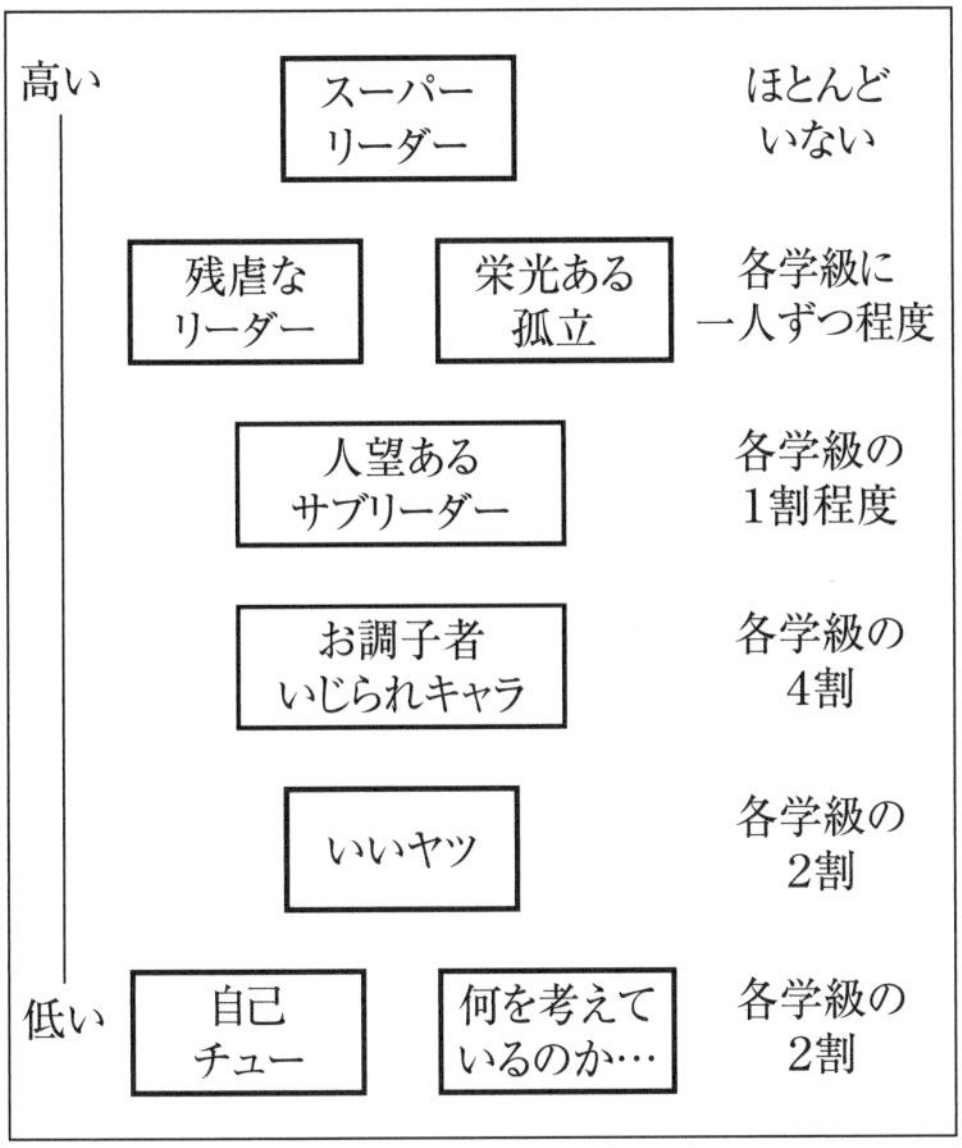

になっているわけではありません。こうした階級闘争のまなざしは、実は担任教師にも向けられているのです。もしも、担任教師が〈自己主張力〉と〈共感力〉しかもたず、〈同調力〉をもっていないとすれば、それは「スーパーリーダー」以下、「残虐なリーダー」と同等程度のカーストと見なされます。〈共感力〉〈同調力〉はあるが、〈自己主張力〉が弱いという場合には、「残虐なリーダー」以下の「人望あるサブリーダー的な教師」と見なされます。ベテラン教師、お母さん教師、優しいお兄さん・お姉さん教師が、学級を統率することができずに崩壊させる要因は実はここにあるのです。

　現在、生徒指導においても学級運営においても、教師は子どもたちの〈スクール・カースト〉を把握するとともに、自身のキャラクターにも目を向ける必要に迫られているのです。

2 サイレント・マジョリティの原理

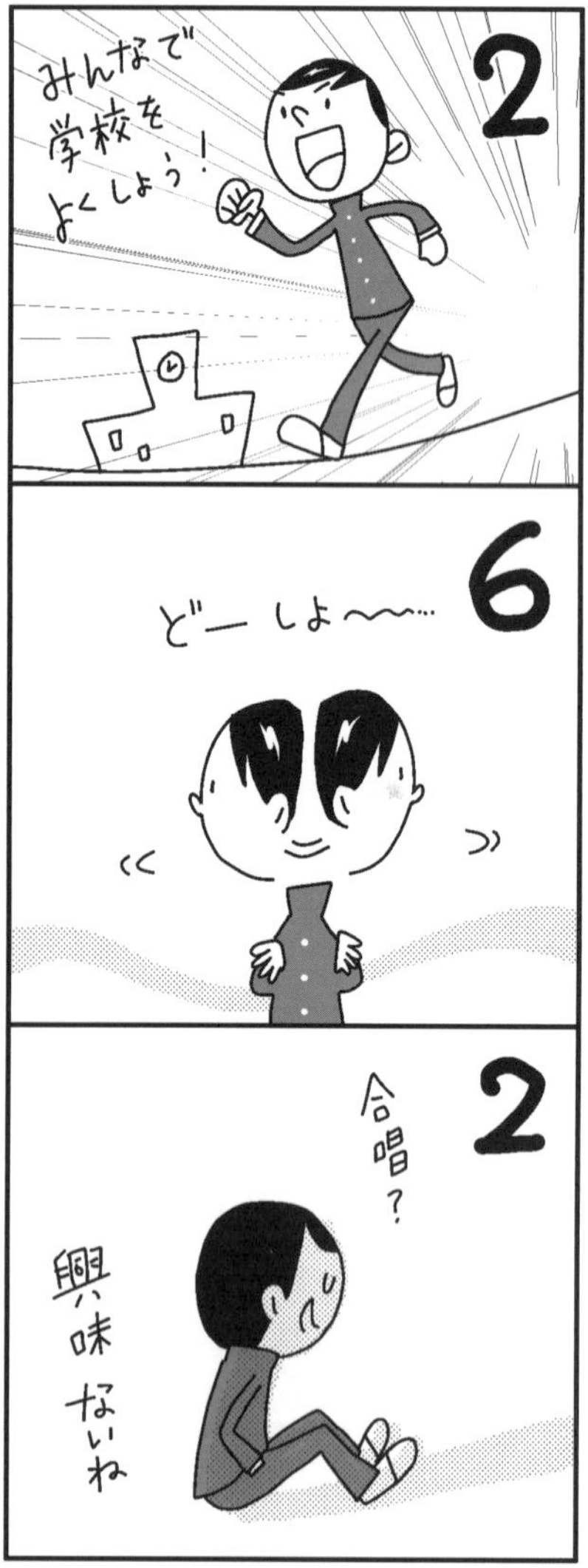
2
みんなで
学校を
よくしよう！
6
どーしよ〜〜…
2
合唱？
興味
ないね

集団の基本は2：6：2なのです
2：ポジティヴ
6：中立・中間
2：ネガティヴ
この6割をいかにポジティヴに引き付けるかがカギ
←ネガ
ポジ→
サイレント・マジョリティ
ぞろ
ぞろ
こっちだよー!!
職員会議でサイレント・マジョリティにならないように

②サイレント・マジョリティの原理

生徒指導のキーはいわゆる「普通の生徒たち」。生徒指導の大きな方向性を意識するための原理

〈2・6・2の法則〉と呼ばれる、集団の階層を示す原則があります。いかなる集団にも組織の進むべき方向性を見出し全体を引っ張ろうとする層が2割、集団の動きに関係なく我が道を行き、ときには集団にとってネガティヴな動きさえ厭わない層が2割、そして間にはさまれ、その時々の空気に流されながら同調する層が6割、この三つの層に分かれる、というわけです。

これを学級集団や学年集団にあてはめて考えると、次のようになります。

2…常に教師の指導に賛同するとともに、学校文化に親しみ、学習や生活・学校行事などに積極的に取り組もうとする層。

6…教師の力量や学級の雰囲気に従って自分の態度を決めたり、教師の力量がないせいで現状があると教師に批判的なまなざしを向けたりしているが、基本的には自分から動こうとはしない層。

2…教師の指導や学級文化に親しむことなく、学習・生活・学校行事などに対して常にネガテ

ィヴな態度を取り続ける層。

もちろん学級の実態によって、この２・６・２が１・８・１だったり１・６・３だったりすることはありますが、概ね一般的には２・６・２になっているだろう……ということです。

〈２・６・２の法則〉に基づいて学級集団や学年集団を考えるとき、教師の仕事として最も重要なことがポジティヴな２割でもネガティヴな２割でもなく、いかに中間層の６割をポジティヴ側に引っ張るかというところにあることが理解できるのではないでしょうか。学級崩壊や荒れた学年・学校とは中間層の６割がネガティヴな２割に賛同した動きをする状態、逆に安定した学級・学年・学校というのは中間層がポジティヴな２割に賛同した動きをする状態のことなのです。

ためしにみなさんの学校で最も安定した学級経営をしている先生の学級を思い浮かべてみてください。どんなに安定している学級にも、必ず問題傾向の子や特別な支援を要する子など、いわゆる「気になる子」「手のかかる子」が２割程度はいるはずです。しかし、その先生は中間層の６割をしっかりと味方にしているために、その２割の「気になる子」や「手のかかる子」に安心して時間と手間をかけることができているのです。あの学級は安定していていいなあ……などと羨ましがっているだけではいけません。なぜ、学級や学年にそうした安定が生まれているのかということを分析することこそが大切なのです。

さて、この〈2・6・2の法則〉と〈スクール・カースト〉とを融合させて考えたとき、次のような学級集団・学年集団の構造が見えてきます。ここでは、それぞれ〈スクール・カースト〉の高い順に並べてみることにしましょう。

2	…スーパー・リーダー、人望のあるサブリーダー	栄光ある孤立（どれにもなりえる）
6	…お調子者・いじられキャラ、いいヤツ	
2	…残虐なリーダー、自己チュー、何を考えているのかわからない	

この「お調子者」や「いじられキャラ」「いいヤツ」といった6割の中間層は、学級を引っ張っていくようなリーダー的な動きを自らすすんですることはほとんどありません。また、だれかをいじめたり、長期的に他人を傷つけたり、教師に反抗したりということを自らが中心になって行うということもほとんど見られません。しかし、周りの雰囲気、いわゆる「空気」には敏感に反応し、教師の力量や学級の状態によってどうにでも変化する存在ということができます。そしてこうした中間層こそが、実は学級や学年を構成するメンバーの多数を占めるのです。

この自らすすんで何かをするわけではない多数のことを〈サイレント・マジョリティ〉（＝沈黙する大多数）といいます。そして、年度当初、学級運営においても学年運営においても最も重要なのがこの〈サイレント・マジョリティ〉をポジティヴ派に引き付けること、学級や学年にそうした基盤をつくることなのです。

生徒指導において、多くの場合、問題傾向をもつ子や特別な支援を要する子に対しては人的にも時間的にも手厚くフォローがなされています。また、学級リーダーや学年リーダーを育てることにも学校行事や生徒会活動を中心にかなり念入りに指導が展開されています。しかし、実はその裏で、多くの学校・学年・学級で〈サイレント・マジョリティ〉が放っておかれているということに、教師は敏感でなければなりません。年度当初におとなしかった子が二学期、三学期と進むうちになんとなくだらしなくなり、先生の言うことを聞かなくなっていくという現象は、年度当初から〈サイレント・マジョリティ〉を放っておいたことに起因しているのです。

〈サイレント・マジョリティ〉は、先に書いたように「お調子者」「いじられキャラ」「いいヤツ」で構成されています。子どもたち一人ひとりのタイプをしっかりと認識して、〈サイレント・マジョリティ〉を引き付けるために「ノリの良い運営」がいいのか、「しっかりと語って聞かせる運営」がいいのか、「教師が引っ張る運営」がいいのか「子ども主体の活動中心の運営」がいいのか、そうしたことを見極めながら進めていくのが学級経営であり学年経営であり、総じて「生徒指導」なのです。

3 ヒドゥン・カリキュラムの原理

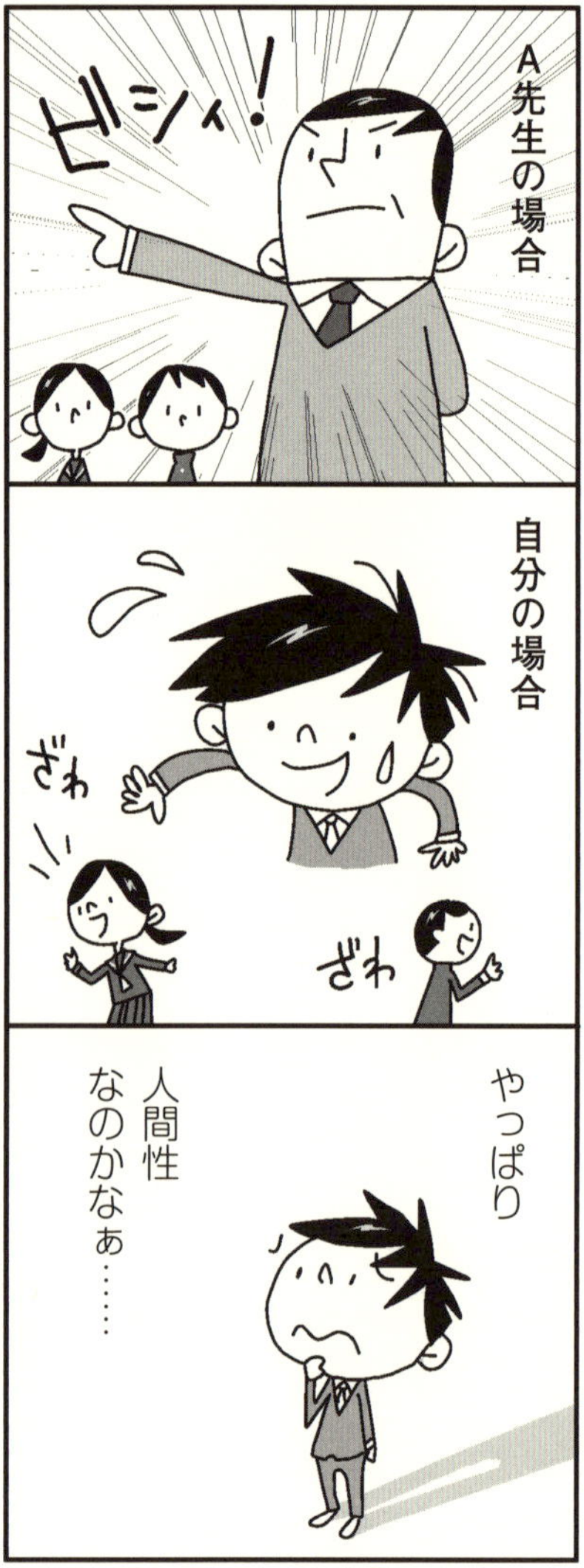
A先生の場合
ビシッ!
自分の場合
ざわ
ざわ
やっぱり
人間性
なのかなぁ……

いいえ
違います。
毎日の積み重ねなのです
× 人間性
○ 言行の一致
ナルホド
先生
あの……
ウム
先生
あの……
ゴメン
あとで
小坂先生…
どんな状況でも
踏ん張って！

③ヒドゥン・カリキュラムの原理

生徒指導で最も大切な教師の言行一致。ゆれのない指導で生徒たちとの信頼関係を結ぶ原理

みなさんの学校に、特に怒鳴るわけでもないのに子どもたちにどこか怖がられている、特に厳しく接しているようにも見えないのに子どもたちがその先生の言うことを聞いている、そんな教師がいないでしょうか。そんな先生に対して、「なぜ、あの先生はあんなにも子どもたちの指導がうまいのだろう……。やっぱり人間性なのかな……」などと感じたことはないでしょうか。

もちろん、その先生自身は特に意識していない、という場合もあるでしょう。「人間性だなあ」と思うのはそのせいかもしれません。しかし、「人間性」だと理解してしまっては何の進歩もありません。「あの先生だからできる名人芸……」で終わってしまいます。それではすべての教師は完璧な人格者にならなければならなくなります。それはどだい無理な話です。

多くの場合、そういう先生の特徴はたった一つです。それは「子どもたちから見て、教師の指導が教師の都合による言動に見えていない」ということです。その先生の言動が厳しいものであったにせよ、優しいものであったにせよ、そしてノリの良い楽しい雰囲気をつくり出すものであ

ったにせよ、それらがあくまで教師としての仕事上、自分たちを指導するために、自分たちを楽しませるために、自分たちを成長させるために発せられているのだと、子どもたち自身に無意識的に感じられているのです。そういう教師の指導に子どもたちは従います。子どもが変わった、すぐにキレる子が多くなった、普通の子が危ない、いろいろ言われますが、この原理だけはいまも昔も変わりません。

では、こうした先生方はなぜ、子どもたちにそういう印象を与えるのでしょうか。結論からいうなら、それは「言行が一致している」からです。つまり、言っていることとやっていることとが一致しているのです。

〈ヒドゥン・カリキュラム〉という教育哲学の概念があります。日本語では「かくれたカリキュラム」と呼ばれ、「教師が意識しないままに教え続けている知識・文化・規範」と定義されますが、具体的には次のようなことを意味します。

例えば、フェミニズムを主張する人たちから次のような指摘がなされてきました。一般に出席簿は男子が先、女子が後になっていますが、これを基盤に長年出席をとられていると、無意識のうちに男子優先という規範が子どもたちに染みついていく、現在の社会の男子を優先する雰囲気は学校教育で無意図的につくられた面がある……こういう指摘です。要するに、学校側は意図も意識もしていないのですが、長年の影響によって「男子優先」が揺るぎない規範として機能していくことになる、というわけです。

フェミニズムの例ではあまりピンと来ないかもしれません。しかし、教師が意図も意識もせずに教えていることは、小さなことから大きなことまで数限りなくあるのです。

例えば、授業中、発言を求めてある子を指名したとします。ところがその子がずっと黙っています。「どうかな?」とか「どんな小さなことでもいいんだよ」とか言ってみますが、だんまりが続いたままです。教師もこれはだめだと思い、「そうか。何も浮かばないか」と言って「じゃあ、○○くんは?」と次の子を指名したとします。教室でよく見られる風景です。しかし実は、ここにはかなり大きな〈ヒドゥン・カリキュラム〉が形成されています。子どもたちからみれば「指名されても黙っていれば次の子にまわしてもらえる」というルールが成立しているのです。

例えば、四月に学級開きにおいて、「先生はいじめは絶対に許さない! ちょっとでも何か傷つけられたということがあれば、どんな小さなことでも先生に相談しなさい。先生はちゃんと話を聞いて対処します。」と言ったとします。五月になって、おとなしめの女の子がか細い声で「先生……」と声をかけてきました。ところが、そのとき、たまたま急ぎの連絡をする用事があって急いでいたために、「ちょっと待ってね。いま、急いでるんだ。あとでね。」と用事を優先してしまいました。教師側からみれば些細なことにも感じますが、こんな些細なことが四月の宣言を「嘘」にしてしまい、教師の「言行不一致」と捉えられてしまうのが現実です。要するに、「先生の言うことは信用できない」という悪しき〈ヒドゥン・カリキュラム〉が形成されてしまうのです。この場合、用事を済ませたあとにほんとうにすぐに戻ってきてその子に対応すればまだ間に合いますが、それを忘れてしまったとしたら、人間関係の致命的な破綻となる可能性さえあるのです。〈ヒドゥン・カリキュラム〉とはこういう概念です。いかがでしょうか。無意識でいると恐ろしい原理だとは思いませんか。

しかし、常に意識し、自分を戒めながら子どもたちに接していれば、これまでとは見違えるほどに子どもたちとの信頼関係を築くことができる、強力な武器にもなるのが〈ヒドゥン・カリキュラム〉の原理でもあります。私は「ああ、めんどうだけど、これをさぼったら悪しき〈ヒドゥン・カリキュラム〉になっちまうから頑張るか」とか、「おっと、ここは踏ん張りどころだ。悪しき〈ヒドゥン・カリキュラム〉はつくらないぞ」とか、日常的に自分を戒めながら子どもたちに接しています。最初は苦しいのですが、一つひとつの場面で踏ん張っているうちに、最初は無理にやっていた行動が次第に自然とできるようになっていくものです。いまでは、こうした自己鍛錬の意識こそが生徒指導を機能させていくのではないかとさえ感じているほどです。

生徒指導を機能させる
10の原理

4 ブロークン・ウィンドウズの原理

ニューヨークで本当にあった話です
一枚の割れ窓を放置
↓
ほかの窓も割られる
↓
地域の荒廃
オソロシイ…
3月
4月
いっそ掲示物をなくそう！
ペリ
おい　おい

④ブロークン・ウィンドウズの原理

小さなトラブルも放っておくと大きなトラブルに。トラブルを小さなうちに解決する初期指導重視の原理

放課後の教室を見てまわることがあります。

四月、学級開き直後のがらーんとした教室。教室の床に夕陽が反射して輝いています。床一面に掃除が行き届いている証拠です。五月、連休が明けた頃、必要な掲示物がすべて完成し、教室は華やかに彩られます。中には、生徒たちの写真がいっぱい飾ってある教室もあります。

しかし、転機は五月下旬から六月上旬に訪れます。ちょうど、昼間に生徒たちが窓を開けるようになった頃です。後ろの掲示板の窓側に画鋲のとれた掲示物が現れます。きっと窓から入る風に画鋲がはずれてしまったのでしょう。これを即座に直すという姿勢があるかどうか。一年間の分かれ目の一つです。

教室の床が夕陽を浴びて光っているのは続いているのですが、廊下から眺めただけで、夕陽の反射の中にこまごまとしたチリも光り始めます。掃除されたばかりのはずの時間。それなのにチリが目立つ。担任も、そして生徒たちも、掃除への意識がくずれてきているのです。

掲示物のところどころにある生徒たちの笑顔。近づいてよく見てみると、ある生徒の顔写真に爪で引っ掻いたようなあとがあります。近くでよく見ないと気づかない、小さな小さな傷……。でも、この学級の一年間にとってはあまりにも大きな傷……。担任は気がついているのでしょうか。おそらく気づいてはいないのでしょう。気づいているなら、このままにしておくとは思えません。しかし、生徒たちの何人かは絶対に気づいているはずです。

こうして学級はほころびを見せ始めます。

ご存知の方も多いと思いますが、〈ブロークン・ウィンドウズ理論〉という有名な原理があります。いわゆる「割れ窓理論」です。たった一枚の割れ窓を放置しておくと、外部からその建物は管理が行き届いていないと認知されて、ほかの窓も割られていく。それがもとで他の建物にも悪い影響が及び、次第に地域全体が荒廃していく。そういう防犯を考えるうえでの理論です。この理論をもとに九十年代のニューヨーク市が、落書きをしたり窓ガラスを割ったりといった軽微な犯罪もしっかり取り締まることによって、評判の悪かった地下鉄の落書きを一掃し、犯罪を劇的に減少させたというのは有名な話です。

実は専門的にはニューヨーク市の取り組みと結果との因果関係は証明されておらず、「割れ窓理論」の効果はまだ未知数である、という反論もあります。しかし、私たちの日常生活においては、殊に生徒たちの学校生活を考えるうえでは、実感に基づいた比喩的な原理として〈ブロークン・ウィンドウズ理論〉はかなり有効です。

四月第二週。新しい学級はどんな感じか、新しい担任はどんな感じかと様子見をしていた生徒たちも、少しずつ新しい環境に慣れてきます。昼休みにちょっとしたトラブルが起こります。クラスの男の子同士がいっしょに遊んでいるうちにちょっとした喧嘩を始めてしまったのです。本当は双方から事情を聞いて、ちゃんと指導したいところですが、放課後はまだまだ新年度の会議が目白押し。怪我もないようだし、そんなおお事の指導をする必要もないだろう……教師はそう考えます。放課後は会議があるし、よし！　掃除時間に二人を呼んで指導しよう。教師はこうも考えます。

しかし、ここには二つの罪があります。年度当初の小さなトラブルを軽視した罪。そして年度当初の清掃時間を蔑ろにした罪。トラブルは小さいうちにしっかりと対処して指導することが必要です。年度当初の清掃指導は年度当初の会議と同じように重要です。どちらもこの一年間の在り方の〈フレーム〉をつくっているわけですから。

もちろん二つとも、それほど大きく考えることのない、その後に与える影響としては小さな小さな罪であるかもしれません。しかし、年度当初はこういう小さな罪が一つや二つではなく、いくつもいくつも重なっているのではないでしょうか。そしてそれが生徒たちのなかで、少しずつ少しずつ経験として蓄積されていき、悪しき〈ヒドゥン・カリキュラム〉として機能していくのではないでしょうか。五月下旬から六月上旬にかけて、掲示物の一部がはがれても気にならなくなったり、細かなチリが落ちいても目につかなくなったり、生徒の顔写真の小さな傷に気がつかなくなってしまったり、こうしたことの根っこには実は四月当初の小さな罪の積み重ねがあるのではないでしょうか。これらの現象はそうした累積が顕在化してきたということなのではないでしょうか。

四月から五月にかけて、学級にも学年にもたくさんの小さなトラブルが発生します。男子生徒同士の遊んでいるうちの些細な喧嘩、女子生徒同士の言った言わないの口喧嘩、たった三センチ程度のスカート上げ、名札に貼られた小さなシール、遅刻しそうになって教室へと駆け込む生徒のかかと踏み、体育直後の授業のシャツ出し、第一ボタンあけ、ネクタイゆるめ……。

小さなことだからいいや、まだラポートがとれていないから、体育のあとだからしょうがないかな、教師はいろいろな言い訳を考えながら指導から逃げてはいないでしょうか。こうした教師のちょっとした油断、ちょっとした隙が、〈サイレント・マジョリティ〉の規範意識を少しずつ蝕んでいくのです。

5 イニシアティヴの原理

ぼくの話を聞かないAくんとBさん
Aくん
Bさん
でもAくんはC先生ならOK
Bさんも D先生には……
ハイ
ハイ
というか、Aくん・Bさん以外の生徒たちも従っていませんか?
あ……

それは主導権をにぎっているからです
イニシアティヴ
＝
生徒とのコミュニケーションで主導権をにぎること
はあ
筆者の場合
おめでとうを言ったら説教しないよ
わぁ〜〜
おめでとう
おめでとー
こういう積み重ねが大事
ありがとう
今は家庭や地域の追い風もありません
どーしよう…
ぼくの誕生日3月なんだよねー

⑤イニシアティヴの原理

生徒指導は最初が肝心。どのように生徒たちの前に立つか、生徒たちとの出逢いで主導権を握る原理

Aくんが自分の指導に従わない、C先生の指導にはちゃんと従うのに……。やっぱりあの先生はAくんをあまやかしてるからな……。そんなことを感じたことはありませんか。

Bさんが自分の言うことを聞いてくれない。D先生の言うことはちゃんと聞くのに……。私はなめられているんだろうか……。そんなことを考えたことはありませんか。

ここでもう一歩、深く考えてみましょう。C先生の指導に従うのは、果たしてAくんだけなのでしょうか。そして、D先生の話を聞くのはBさんだけなのでしょうか。AくんやBさんばかりでなく、実は多くの生徒たちがC先生やD先生の指導になら従っているのではないでしょうか。とすれば、C先生やD先生には日常的な「教師としての在り方」に何か秘密があるのではないでしょうか。こう考えてみることが、深く考えることの出発点になります。

C先生やD先生が生徒たちを指導に従わせることができるのは、私のことばでひと言でいうなら「生徒たちに対して〈イニシアティヴ〉を獲得しているから」ということになります。

〈イニシアティヴ〉を取るというのはその字義通り、その生徒とのコミュニケーションにおいて〈主導権〉をにぎることです。〈主導権〉をにぎるための手法というのは人によって様々ですが、最大公約数としていえるのはその生徒との出逢いが肝心だということです。

例えば、私は転勤するたびに一学期の始業式で全校生徒を相手に次のように挨拶します。

「○○中学校から参りました堀裕嗣、ほ・り・ひ・ろ・つ・ぐと言います。見かけは怖いですけれども、中身も怖いです。」

私は体格が大きく顎髭も蓄えていますので、多くの場合、生徒たちはこの言葉に引きます。また、問題傾向の生徒たちはある種の反感を抱きます。そこで、たっぷり間をとった後にフッと笑顔をつくり、次のように言います。

「実は……明日、誕生日です。」

生徒たちはまず例外なく、大きな拍手をくれます。そこで、ひと言。

「明日、堀先生とすれ違ったら、『堀先生、誕生日おめでとうございます』と元気に言ってください。そう言ってくれた人には、今後一ヶ月間、よほどのことがない限りお説教を免除します。」

生徒たちから見れば、第一印象で「なんか怖そう」とか「オレたちの敵だな」とか思った新任の先生が、一瞬で「なーんだ、ユーモアのある先生じゃん」に変わるわけです。こういうちょっとしたコミュニケーションの工夫で、出会いの際に小さなアドバンテージをとる。これがコツなのです。ちなみに、札幌市の始業式は土日がからまない限り原則として四月六日。私の誕生日は四月七日ですから転勤した次の日でさえ生徒たちみんなが祝ってくれるわけです。私を見かけると数人いっしょに一目散に走り寄ってきて「堀先生、誕生日、おめでとうございま〜す。」と言いに来る生徒たちも少なからず現れます。昨日から今日にかけて、生徒たちの間で、私のことが話題になっていた証拠です。ちなみに私は、PTA総会や学年PTAなどでは、「熊のような風貌に羊のようなハート、堀でございます。」とひと言自己紹介してから話し始めるようにしています。まずは保護者にフッと肩の力を抜かせる、自分の話を聞いてもらうためにはそれが大切だと実感しているからです。いずれにせよ、生徒向けにしても保護者向けにしても、こうしたあまり大規模ではない、テッパンの自己紹介ネタをもつことは重要です。

　その年の最初の授業、生徒たちと始めて出逢う、いわゆる「授業開き」も大切です。例えば私は、転勤したてで三年生をもったとき、自己紹介で「ラーメンが好きで、うまいと聞いたラーメン屋にはどんなに遠くても行く」と語ったあと、休み時間に明らかに問題傾向と思われる男子生徒に「この校区内でうまいラーメン屋ある？」と訊きます。その生徒はどこそこがうまいと地図を書いて教えてくれます。次の授業では「昨日、行ってみたけど、わかんなかった。ちゃんと教える」と迫ります。「三十分以上探したけど見つからなかったぞ」と。その生徒はあわてて、今度はかなり詳しい地図を描いて説明してくれます。その次の日には「おお、うまかったぞ。いいとこ教えてくれてサンキュー！」と声をかけます。こうしたやりとりでも小さなアドバンテージをとることができます。私の盟友である石川晋先生は、授業開きで机の上に足を上げていた男子生徒に対して、「おい、靴の裏に画鋲が刺さってるぞ」と言ったそうです。慌てて足の裏を見る生徒に間髪を入れずに「ウッソー！」とおどけて笑ったと言います。こういうのも小さなアドバンテージです。要するに、〈イニシアティヴ〉＝〈主導権〉というものは、日常の中のこうした小さなアドバンテージの積み重ねによって獲得することができるのです。

かつては保護者も地域も、だれもが日常的に「学校では先生のいうことを聞くんだよ」と言ってくれました。その結果、教師は何もしなくても〈イニシアティヴ〉を獲得することができました。しかし、最近はそうした保護者や地域による追い風が吹かなくなり、かなり戦略的にコミュニケーションを図っていかないと〈イニシアティヴ〉をとることが難しくなっているのです。

その後は〈一時一事の原理〉〈全体指導の原理〉などを用いながら、「先生はきみたちが困らないように配慮していますよ」という姿勢を一貫して示し続けることです。詳しくは拙著『学級経営10の原理・100の原則』（学事出版）をご参照いただければ幸いです。

6 インクルージョンの原理

もし、私たちが教える方法で子どもたちが学ぶことができないなら、私たちは、彼らが学ぶことのできる教え方を学ばねばならない。

コンスタンス・マクグラス著
『インクルーシブ教育の実践』

こう考えてみてはどうかな
環境
教師＝要素
適切な課題を与えて付き合う
ナルホド
規範で抑え込むのではなく
がっちり
規範
クールダウンするまでおだやかに待つ
ハー
環境要素
そういう意味ではありません
?
柱になりきる

⑥インクルージョンの原理

どんな子も排除しない、どんな子も活かす視点をもつ。教師としての構えを転換し生徒たちとの共同性をつくる原理

〈インクルージョン〉とは聞き慣れない言葉だと思われる読者も多いことでしょう。これは「包含」とか「包括」といった意味をもつ英単語です。特別支援教育を中心に〈インクルージョン教育〉や〈インクルーシヴな教育〉といった言い方で認知されている用語で、すべての子どもたちのニーズに応える教育、すべての子どもたちを排除しない教育を想定した概念です。

その理念は『インクルーシブ教育の実践』（コンスタンス・マクグラス著・川合紀宗訳・学苑社、二〇一〇年六月）の次のフレーズに代表されます。

> **もし、私たちが教える方法で子どもたちが学ぶことができないなら、私たちは、彼らが学ぶことのできる教え方を学ばねばならない。（同書16頁）**

おいおい、そんなことできるわけがない……おそらく多くの方はそう思われるでしょう。

もちろん、この理念を完璧に追究したり、こうしたシステムを完璧に敷くことは不可能かもし

れません。しかし、日本の学校教育はあまりにも一斉指導の授業方法や規範意識の生徒指導に偏りすぎています。その意味で、世の中にはこうした理念もあるのだ、こうした理念で教育の在り方を追究している国や地域もあるのだ、そういう心構えをもって自分の教師としての在り方を見つめてみる、それだけでも大きな効果がある、と私は考えています。

一斉授業においても規範意識の生徒指導にしても、その構造は〈正しい知識や正しい立ち居振る舞いがある〉と、教えるべきことや学校生活のルールを絶対視するところにあります。ある事柄を絶対のものとして規定してしまうと、授業での学び方や学校での生活の仕方、即ち授業や休み時間における「生徒の在り方」を規定してしまうことになります。その結果、家庭の事情や身体的理由、情緒的な理由によってその在り方にはずれた行為をしてしまう生徒は学校教育から排除されてしまう……ということになりがちです。

もちろん私たちはどの生徒をも排除しないようにとは考えているのですが、一斉指導の授業形態や規範意識ばかりを求める生徒指導では、こうした生徒たちに〈ヒドゥン・カリキュラム〉として「お前はみんなと違う」「お前は邪魔だ」「お前を排除したい」といったメッセージを有形無形に投げかけている可能性が高いのです。つまり、生徒側から見れば、そうしたネガティヴなメッセージを感じ取ってしまっているという可能性が高い、というわけです。

さて、授業における〈インクルージョン〉については先のコンスタンス・マクグラスの本に譲るとして、ここでは生徒指導における〈インクルージョン〉を考えてみましょう。

私が考える〈インクルージョン〉型生徒指導の勘所は二つです。

一つは、教師が自分自身を生徒を規範へと導く指導者と捉えるのではなく、生徒自身がよりよく成長したいという願いを実現していくための〈環境〉の一つ（要素）と位置づけて捉えることです。例えば、様々な事情から、廊下である生徒がパニックを起こしたとします。わあ〜と叫びながら暴れ回っているわけです。この場合、指導者としての教師にとってその生徒の行為は学校の規範上許されるべきものではありませんから、その行為を封じようとすることになります。すると、「うるせえ」とか「さわるな」とかいった怒声を浴びせられることになります。そうなると教師の側も、怒鳴ったり床に抑えつけたりということになりがちです。要するに、力で抑えつけるという対応です。

しかし、自らを〈環境〉要素だと捉えている教師は、まずこうしたパニック症状が「この生徒自身にとってどのように認知されているのか」からスタートします。本人だってこうした経験は一度や二度ではありませんから、こういう状態が許されないことであり良くないことであることはわかっているのです。とすれば、もちろん他の生徒に危害が加わらない場合にという限定つきではありますが、まずはある程度の距離を置きながら本人が落ち着くのを待つ、という対応が生まれてきます。あちこちと動き回る生徒のあとを適度な距離を置きながらついていく、ただひたすら本人のクールダウンをおだやかに待つ。時間はかかりますが、実は長い目で見るとこれが最も早い解決策であることが多いのです。こうした対応をとるためには、生徒本人の「できることなら周りに適応したい」という成長願望を信じるとともに、これまでこの生徒のパニックがどのようにおさまっていったかという個別事情に精通している必要があります。

もう一つは、普段から適切な課題、その子その子に合った課題を与えながら、決して急がず、決して焦らずにその生徒と付き合っていく、ということです。先のパニックを起こす生徒の場合ならば、パニックを起こしそうになったときに自分で調整するようになるよう導くことを意味します。例えば授業中であったとしても、他の部屋に行ってクールダウンさせてあげるとか、教室の後ろの床に黙って座っていることを認めてあげるとかすることで、次第にパニックを起こしそうになったら自ら教師に告げられるようになったり、どこか一人になれる所に行って自分で調整できるようになったりするようになっていきます。

教師が規範に基づいて指導するとなると、これらすべてが「認めるわけにはいかないこと」になってしまいます。しかしそれはこの生徒の成長にとって百害あって一利無しなのです。

生徒指導を機能させる
10の原理

7 マクドナルド化の原理

ご注文は？
カレー
ひとつ
注文ができましたら呼びますので、カウンターまで来てください。
食事が
終わったらお皿はあちら、スプーンはその下、ゴミは右の箱にお願いします。
……でも
マクドナルドでは
やってる
よね？

<マクドナルド化の原理>
嫌な思いをさせず
さりげない形で
目的を
達成すること
関西では〝マクド〟ですね
ほんまー
正しいことを前面に出す指導から
ぬ〜ん
さりげなく改めさせる指導へ
質問はお決まりですか?
ご一緒に宿題のほうはいかがですか?

⑦マクドナルド化の原理

「これが正しい」から「こうありたい」へ。強制から調整へ自然に生徒たちを導く原理

マクドナルドに行ったことのない読者はおそらくいないでしょう。それほどマクドナルドは今日、私たちの生活に密着したファーストフード店になっています。ここではまず、マクドナルドに代表されるファーストフード店の構造について考えてみましょう。

夏休みの一日、同僚と二人、昼休みにマクドナルドに行こうと考えたとします。店をちょっと覗いてみると、カウンターには七、八人の行列。うん、これならそれほど時間はかからない。一時には学校に戻れそうだ。よし、昼食はマック（関西はマクドですね・笑）にしよう！となります。列に並ぶとほどなく自分の順番。このセットでドリンクはホットコーヒー、ポテトはM、というふうにすぐに決まります。数百円を支払い、トレーにすべてが並んだところで席へ。いつもの味、いつもの量で、ちょっとだけおしゃべりに花を咲かすとごちそうさま。カラになったカップやハンバーガーの包み紙をくずかごへ、トレーを所定の場所に片付けて……。さて、お腹もふくらんだし、仕事に戻るか……。

さて、ここで考えてみましょう。もしもこれが喫茶店だったら、と。店を覗いて七、八人が待っていたとしたら、あなたはこの喫茶店に入るでしょうか。ウェイトレスさんに「お客様、商品をお席までご自身でお運びください」と言われたら、納得できますか？　コーヒーカップや手ふきのペーパーを自分で所定のくずかごに分別して捨ててからお帰りください、と言われたらどう感じるでしょうか。そうです。喫茶店ならどれもこれもウェイターやウェイトレスがしてくれることを、マクドナルドでは私たちは何の疑問も抱かずに自分でやってしまっているのです。ついでにいえば、実はマクドナルドでは、椅子を硬い素材でつくり、長く座っていることができないようにして客の回転を良くする、という工夫も行われているそうです。しかし、私たちは一般的に、そんなことにはまったく気づかずに楽しく食事をし、満足してマクドナルドをあとにしているのではないでしょうか。これはいったいどうしたことなのでしょう。

このように、顧客に嫌な思いや疑問を抱かせることなく、本来サービスを提供する側がすべき労働を顧客の側に分担させたり、対立や障壁を避けながら目的を達成したり、徹底した効率化によって全国どこでも均一化したサービスを提供したりする社会を、ジョージ・リッツァは〈マクドナルド化〉と呼びました（『マクドナルド化する社会』早稲田大学出版部、二〇〇八年）。

実はこうした〈マクドナルド化〉の原理は、昨今、学校教育にも意識的・無意識的に導入されています。

例えば、みなさんは休み時間に、ニコニコしながら、或いは生徒たちと半分遊びのような会話を楽しみながら巡視してはいないでしょうか。しかもそれは、生徒指導部や学年の方針として、「いかにも監視という雰囲気の巡視は避ける」というように指導された結果として行われてはいないでしょうか。また、生徒指導研修会では、いわゆる指導事案が起こったときにも「カウンセリング・マインド」が奨励され、当該生徒によく事情を聞き、生徒の立場を理解たうえで説諭するように、といったことが基本方針として示されてはいないでしょうか。

私は一九六六年生まれですが、私の中学生時代は校内暴力の真っ只中で、廊下には竹刀をもった生徒指導の先生がいたものでした。何か悪いことをしたときにも、自分の話などはほとんど聞いてもらえず、とにかく怒鳴られる……そういう指導を受けてきたものです。別に当時の先生方に恨みはないですし、それで良かったとは思っていますけれども……（笑）。

実はこのことは、私の受けてきた教育からいま私たちが行っているような教育へと、時代がシフトしてきたことを示しています。つまり、「中学生らしい生活態度」や「あるべき学生の姿」のような理念を前面に押し出し、「こうあるべきである！」といった指導から、生徒たちに嫌な思いや疑問を抱かせることなく、周りに迷惑をかけたり周りから非難されるような生活態度を改めさせていく指導へ、というシフトです。教師の指導姿勢として考えれば、要するに「これが正しい」というメッセージをひたすら投げかける指導姿勢から、〈マクドナルド〉のようにそうとは気づかせないままに目的を達成する指導姿勢へと変化してきているわけです。東浩紀は前者を「規律訓練型権力」、後者を「環境管理型権力」と呼びました（『自由を考える』東浩紀・大澤真幸、NHKブックス、二〇〇三年）。そして私も、こうした教師の指導姿勢のシフトについて、方向性としては間違っていない、と感じています。ただし、私は「管理」という言葉が教育に導入するときにはちょっときつい言い方だと感じていますので、同様のことを「規律訓練型権力から環境調整型権力へ」という言い方をしています。

私は先に「インクルージョンの原理」において、教師が自分自身を生徒を規範へと導く指導者と捉えるのではなく、生徒自身がよりよく成長したいという願いを実現していくための〈環境〉の一つ（要素）と位置づけて捉えることが必要だと述べましたが、こうした自らを生徒の成長を促す環境の一つと捉える教師像は、本項で述べた「教師は規律訓練型権力の発動から環境調整型権力の発動へと移行したほうがよい」という理念に基づいています。それは、生徒たちに対して絶対正しい唯一の在り方を強制するのではなく、自分も含めて生徒を取り巻く様々な環境を調整していくなかで、少しずつ目的を達成していく指導の在り方を追究することなのです。

8 パッチング・ケアの原理

介護施設にて
実家に帰らせていただきます
○○さーん
お食事よ
おやすてき
さあ
なんだか分からないけど…悪くないわね

学校でも応用できます
パッチング・ケア
＝　＝
つぎはぎ　手当て
かわいい名前
一人でなんとかしようとせずに
体育祭なんか出たくねえ
楽しいよ
練習しよう
一緒に
悪くないか…
それなら分身の術を使って……
ぐる
ぐる
そういうことは不可能です

⑧パッチング・ケアの原理

支援を要する生徒たちを上から抑えこむのではなく、多くの人々の声かけでケアのかけらを積み上げていく原理

介護や看護の世界において、障がいや認知症のクライアントに対して、自らの障がいや記憶が飛んでいる時間帯の出来事、自らがおかした恥ずべき行為などについて触れることなく接することを〈パッシング・ケア〉といいます。例えば、認知症のおばあさんがおねしょをしてしまい、それを忘れてしまっていたり、混乱して隠そうとしたりして「水をこぼしてしまった」などと言ってきた場合に、「違うでしょ、おねしょしたんでしょ！」などと言わずに、「あら、大変でしたね。風邪をひくといけないから着替えましょうね」と事実関係をスルーしてあげる……そういう対応を意味します。

この〈パッシング・ケア〉を受けて、看護師で研究者でもある西川勝さんが提案したのが〈パッチング・ケア〉という概念です（『ためらいの看護　臨床日誌から』岩波書店、二〇〇七年）。西川さんは〈パッチング・ケア〉の解説にあたって、こんなエピソードを紹介しています。

認知症のために施設に入所しているあるおばあさんが夕暮れ時に突如、意を決した様子で「ち

ょっと、おにいさん、もう私、帰らせていただくわ」と迫ってきたことがありました。西川さんはこのとき、一切彼女を説得しようとはしなかったそうです。自分一人の説得でどうにかなるものではない……との経験則からです。ただ彼女に向かってにっこりと微笑みました。しかし、彼女が微笑み返してくれるところまではいきません。そのうちに他の看護師さんが「お食事ですよ」と声をかけました。まだ彼女は硬直しています。他の患者さんの面会に来ていたご家族が「ご一緒にどうですか」と声をかけます。おばあさんの緊張がちょっとだけほぐれます。西川さんは彼女の手を引いてゆっくりと食卓に向かいます。すると、別のお年寄りが「いいねえ、若い人に手をつないでもらって」とひやかします。おばあさんが西川さんに体を寄せてきます。「ここはどこでしょうね」「困ったわ」と小さなため息をつきながらも、彼女は満更でもなさそう。そのうち、「おまちどおさま」と彼女にも夕食が配られる。「ありがとう」と言った表情にはさっきまでのかたくなさではなく、戸惑いの表情が浮かび始めている。でも、なかなか箸には手をつけません。「お醤油を持ってきましょうか」という西川さんの言葉にも首を横に振ります。しかし、さっきまでの意を決したようなかたくなさは消え失せ、ずいぶんと落ち着いた様子……。西川さんが「そう、ゆっくり食べてね」と声をかけて立ち上がると、おばあさんは箸を持って、やっと食事を取り始めました。

このエピソードを紹介したあと、西川さんは次のように述べています。

この場面、誰かが特に彼女をケアしたというわけではない。ぼくや夜勤者、家族さん、他のお年寄り、いろんな人が、切れ切れのような言葉を掛けて、食堂は夕食の匂いが充ちてきて、隣の席ではスプーンが優しい光を反射して、ゆったり座る椅子が足の力を抜いて……。小さな数え切れないケアのかけらが、彼女の周りに積み重なっていたのだと思う。(同書123頁)

これが〈パッチング・ケア〉、つまり、「つぎはぎをして修繕するようなケア」です。一人ひとりが派手な演技をしたり説得したりするのではなく、つまりは「包み込もうとする」「迎えに行く」「こちらに引っ張る」というようなタイプの言葉を投げかけるのではなく、「待つ」とか「戯れる」とか「あとずさる」とか「引き取る」とかいったタイプの言動とその場の環境とが〈パッチング〉したときに、〈ケア〉が自然に生まれてしまうのです。西川さんはこれを「小さなケアが、それぞれの意図を超えた模様をパッチングしている。こんなケアの光景をもっと大切にすることが、相手を理解や操作で翻弄しないケアになる。」とまとめています。

いかがでしょうか。私たちはパニックを起こした自閉傾向の生徒やすっかりつむじを曲げてかたくなになってしまっている多動傾向の生徒に対して、この場をなんとかおさめたい、なんとか短時間で対処したいという思いが先に立って、「上から抑え込む」という対応をしがちではないでしょうか。そしてそうした対応がどんどん状況を悪化させてしまう……そういう経験を何度も何度も繰り返しているのではないでしょうか。

学校教育に特別支援教育の観点が導入されて以来、私たちは生徒たちに関するかなり多くのことを学びました。しかし、と同時に、「あいつはＡＤＨＤだから○○だ」とか「あの子はアスペルガーだから△△だ」といった決めつけ発言もよく聞かれるようになってきています。わかったつもりになり、当該生徒のためにという意識と旧態依然の指導法とによって抱え込み、包み込み、結局は抑え込むことが多くなっているように思えます。しかしそれは、西川さんの指摘するように「相手を理解や操作で翻弄し」ようとするケアであり、逆効果になることが少なくないのです。

学年団や職員集団みんなが〈パッチング・ケア〉の概念と効果を理解し、学級担任が一人で抱え込んで生徒を理解し操作し翻弄するのではなく、私たち一人ひとりが、職員集団や生徒集団といった〈人的環境〉はもちろん、教室環境や自然環境といった〈物的環境〉との〈パッチング〉さえ意識しながら、小さな小さなケアを積み重ねていくことをこそ目指すべきなのです。私たちはどうしても生徒を理解したつもりになり、できればコントロールしたいと思いがちです。しかし、いま必要なのはそれぞれの意図さえ超えてしまう模様を〈パッチング〉することなのではないでしょうか。だからこそ、学級集団・学年集団の雰囲気が重要にもなるのです。

生徒指導を機能させる
10の原理

9 FMCチームワークの原理

つまりはこういうことです
Father型：頼れる父親
Mother型：やさしい母親
Child型：気さくな友達
↓
三者が役割を自覚
家族みたい
ドカーン！
F先生はね……
C先生には言うけど実はこの前……
うん？
ただのチャイルドにならないように！
マンガ貸して♪

⑨FMCチームワークの原理

怖い先生、優しい先生、ともに遊べる先生、三タイプの協同で指導する原理

いわゆる「指導力」には、大雑把にいって三種類があります。即ち、次の三つです。

父性（Father）型指導力

生徒たちに悪いことは悪いとしっかりと伝え、必要なときには生徒をしかりつけることをもいとわず、学年全体や学校全体に目を光らせる。生徒たちに規律を守らせるタイプの指導力。

母性（Mother）型指導力

生徒が悪いことをしても、ときには生徒に裏切られてさえ、ねばり強くコミュニケーションをとり続けて最後まで生徒を見捨てない。生徒を優しく包み込むタイプの指導力。

友人（Child）型指導力

生徒たちと遊んだり、語り合ったり、不平や不満や悩みを聞いてあげたりしながら、いわゆる「ガス抜き」をしてやる。良きお兄さん、お姉さんのようなタイプの指導力。

学校教育においてこの三者がそれぞれの役割を担いながら生徒指導にあたることを意味する概

念、それが〈ＦＭＣチームワークの原理〉です（『危険な教育改革』夏目研一、鳥影社、二〇〇一年）。

一般に、学校で「生徒指導ができる」と評されているのはＦ教師です。自分が学年の生徒指導を司っていると本人もプライドをもって働いていますし、生徒指導で他の先生方から頼られることも少なくありません。しかし、問題なのはＦ教師の中に、Ｍ教師やＣ教師を「あいつはまだまだ。生徒指導ができていない。」などと批判する人が少なからずいることです。

こういうタイプのＦ教師は学年や学校の生徒指導を一手に引き受け、自分一人で学校を支えているのだというような勘違いをしています。確かにＭ教師やＣ教師がＦ教師に守られ、頼りにしていることは確かかもしれません。しかし、実際にはＦ教師がきつく叱りすぎた生徒に対して、Ｍ教師が裏で「Ｘ先生だってあなたがにくくて言っているんじゃないのよ。Ｘ先生はねえ……」とフォローをしているのです。また、Ｃ教師が放課後のちょっとした生徒たちとの会話から「Ａくんと B くんが昼休みに体育館裏で煙草を吸っていた」などという情報を仕入れてくることがあります。こうした情報は、まずＦ教師に入ってくるということはありません。つまり、Ｆ教師の威厳はＭ教師のフォローやＣ教師の情報収集・ガス抜きによって成り立っているという側面もあるのです。その意味で私は、Ｆ教師が、「自分はＭ教師やＣ教師によって支えられているんだ……」

という謙虚な気持ちでいるくらいが、生徒指導を機能させるにはちょうどよいと考えています。
このように考えてくると、ＦＭＣのそれぞれが学年団や職員集団において、次のように機能することが理解されることと思います。

Ｆ教師　：　生徒たちにとって「壁」となる父性型教師。学年全体・学校全体に規律を守らせるための象徴的存在。Ｆ教師の権威・威厳によってＭ教師・Ｃ教師の機能性を発揮させることができる。しかし、Ｍ教師・Ｃ教師のフォローやガス抜きなくしては影響力を発揮できない。中規模校で学年に一人、大規模校で学年に二人程度いるのが望ましい。ただし、学年にＦ教師が二人いる場合には、どちらかが主、もう一方が従の関係を築かないとお互いの良さをつぶし合う危険性があるので注意しなければならない。

Ｍ教師　：　生徒の立場を理解し包み込む母性型教師。生徒に裏切られてもねばり強くコミュニケーションをとり続ける存在。あくまでもＦ教師の規律重視型の指導性のもとにその機能性を発揮するが、Ｆ教師の指導意図、そうした指導の必要性を生徒たちに伝えるフォロワーの役割も果たす。どんな学年でも最も多くいるのがこのＭ教師である。

Ｃ教師　：　生徒たちとの共通感覚を旨として指導にあたる友人型教師。男性なら「ガキ大将」タイプに、女性なら「気さくなお姉さん」タイプを演じて、生徒たちの悩みや不満を聞き、いっしょに遊びの輪に入ることによって、生徒たちの「ガス抜き」をしたり情報を収集したりする。Ｆ教師の影響下において機能性を発揮するが、生徒たちとの心理的距離の近さによってＦ教師やＭ教師にはできない動きができる。学年団において相対的に若い教師がこの役回りを担うのがよい。学年に男女一人ずついるのが理想である。

〈ＦＭＣチームワーク指導〉はこの三者がそれぞれ自分の役割を自覚しながら、お互いに響き合って生徒指導にあたろうとする考え方です。かつて私がある学校で学年主任を務めたときに、学年のメンバーは上の写真のようでした。私（後列左から二人目）が一組担任でＦ教師、前の二人が二・三組の担任で男性Ｃ教師と女性Ｍ教師、副担任が男性Ｆ教師（後列右から二人目）と女性Ｃ教師（同一番右）と男性Ｍ教師（同一番左）。年齢層も理想的でした。私が四十代前半でもう一人のＦ教師が四十代半ば、Ｍ教師が男性が五十代後半、女性が三十代後半、Ｃ教師はともに二十代前半……まるで、お父さんとお母さん、おじさん、おじいちゃん、そしてお兄さんとお姉さんがいる、そんな学年団でした。この学年は〈ＦＭＣチームワーク指導〉がよく機能した理想的な学年団として私の記憶に刻まれています。

生徒指導を機能させる
10の原理

10 自己キャラクターの原理

キャラを間違えると大変です
20代後半〜
20代
C
F
M
はーーい
自分のキャラをよく考えて
生徒と接しましょう
M
F
自分はどっちに
成長するのかな？
F
M
わく
わく

⑩自己キャラクターの原理

自らを知ってこそ自らに合った指導ができる。教師としての自らのタイプを知る原理

女性教師が「こら～」という大きな声を上げているのを見て、違和感を抱いたことはないでしょうか。大学を出て数年の若い先生が生徒を怒鳴りつけて、「おまえに言われたくね～！」などと言い返されているのを見たことはないでしょうか。

前項の〈ＦＭＣチームワークの原理〉でも述べましたが、小学校でも中学校でも「子どもになめられず、規律を守らせることのできる教師が力量のある教師である」という認識が広く行き渡っているために、女性教師が大声で指導したり若手教師が怒鳴りつける指導をしたりということがよく見られます。特に中学校では昔からその傾向が強いようです。要するに、中学校では、教師はＦ教師的な要素をもたないとダメだと考えられているわけです。

かつて、教師はＦＭＣのすべての要素を身につけなければいけない、と言われました。生徒たちに悪いことは悪いと指導し、不満や悩みをよく聞いて相談に乗り、更には昼休みや放課後には生徒たちと遊ぶ。休日に自宅に生徒を招いて楽しむことを奨励する空気さえありました。

しかし、私はこうした考え方は現在、時代の現実にそぐわないと感じています。かつてとは異なり、生徒や保護者が学校に求めることが多様化してきました。教師の一つひとつの言動に対して説明責任・結果責任が求められるようになってきました。「学校では先生の言うことを聞きなさい」という保護者や地域からの追い風をあてにできなくなりました。こうなると、一人の教師が一人の責任で指導を行うということは、ある種の危険を伴うとさえ言えます。

例えば、女性教師が「こら～」と大きな声をあげるのに対して、「女性なのに溌剌としていい」「中学校の先生はやっぱり規律を守ることを優先させなくちゃ」という声があるのと同時に、「なんでもかんでも厳しくすればいいというもんではない」とか「うちの娘に女性が大声で怒鳴るのを見せたくない」とかいった、反対の価値観にもさらされることになるからです。

現在、教師の指導に対するクレームは、そのクレーム自体というよりも、教師が行動の基盤としている価値観とそのクレームの前提にある価値観とが背反するために、そのクレームに対して満足させるような対処ができないというところに苦しさの本質があります。あちらを立てればこちらが立たない、あの保護者の要求とこの保護者の要求とが背反する、この生徒の利益があの生徒の不利益になる、そうした多用な価値観がせめぎ合いを起こしているわけです。

とすれば、やはり、職員室がチームとして動きながら生徒指導にあたるというのが、一番現実的な対応ということになります。そしてそれは、父性的指導を得意としている教師がＦ教師としての役割を担い、母性的指導に長けている教師がＭ教師の役割を担い、若手教師はＣ教師として自らの役割を担いながら、いろんな仕事を覚えて力量を高めていく、そんな学年団であり職員室を意味します。こうした方向性を学年団はもちろん、職員全体で共通理解しておくことが大切です。できれば、保護者にも説明して理解を求めておくとよいでしょう。私が学年主任を務めていたときには、必ず四月の学年ＰＴＡで教師団の役割分担について説明すると同時に、すべての情報が教師陣で共有化されること、一人ひとりの生徒に担任だけでなく学年教師全員で役割分担をしてあたることを説明していました。

さて、こういう考え方に立つと、自分はＦＭＣのうち、どの役割に向いているのかということを把握することが、教師の力量形成にとってとても大切なことになってきます。Ｆ教師に向いている教師がＦ教師を担ったほうが、Ｍ教師に向いている教師がＭ教師を担ったほうが、無理なくスムーズに役割分担ができるからです。私はこれを「教師による〈自己キャラクター〉把握の必要性」と呼んでいます。

一般的に、若い教師は友人型指導力を基本に生徒たちに接し、学年のＦ教師の力を借りながら生徒指導にあたるのがよいと思われます。実際に三〜五年も仕事をしていると、自分が生徒たちに怖がられるタイプなのか親しみをもたれるタイプなのかということは、自ずから見えてくるものです。二十代後半あたりから前者はＦ教師的キャラクターを、後者はＭ教師的キャラクターを形成し、それぞれのキャラクターに適した勉強をしていけばよいのです。具体的にはＦ教師タイプは集団に規律を守らせるような生徒指導の在り方を学んだり、学年集会や全校集会で規範の大切さについて考えさせるような語り方を身につけたりネタを収拾したりすること、Ｍ教師タイプはカウンセリングの手法を学んだり、適切な距離を置きながら生徒や保護者と人間関係をつくる仕方を学んだりすることになるでしょう。

こうして学ぶべきことを並べてみると、私の言っていることが、だれもが身につけなければならない基礎基本のように思えてくるかもしれません。しかし、どれもこれもすべてを身につけようというような生半可な学び方で身につくほど甘いものではないのです。厳しいようですが、私の意図としては、そういう高いレベルの学びをすべきだと言っているわけです。

最後に、ベテランになってくると、学年団のメンバー構成から、Ｆ教師に向かない教師であっても、男女を問わずＦ教師の役割を担わなければならない場合がありますので、そのことだけは心構えとしてもっておく必要があるでしょう。

第2章

生徒指導を機能させる100の原則

基本として身につけたい10の原則

若い先生が教職に夢を抱いて教壇に立ちます。素直な生徒たち、授業や部活に一生懸命に取り組む生徒たち、いろいろ悩みながらも前向きに生きようとする生徒たち、そんなイメージをもちながら、これからの教師としての生活に思いを馳せます。生徒たちに悩まされたり、時にはぶつかったり、そんなこともあるかもしれませんが、生徒の話をよく聞き、ともに悩みともに語ることによって、一つひとつ乗り越えていく、それと同時に教師としての自分も成長していく、そんなイメージを抱いては教職への第一歩を踏み出します。

でも、そんな教員生活を送っていけるのはごくごくわずかな人たちです。多くは五月か六月、中には四月中に、「現実はこんなにも厳しいのか」と感じるようになります。自分の知らないところで生徒たちがおとなしめの生徒をいじめていた、指導したにもかかわらず生徒が同じようなことを繰り返す、他の教科の授業は

10 rules

①生徒指導は〈予防〉を基本とする
②空白をつくらない
③生徒との距離感覚を身につける
④空気を醸成する
⑤トラブルは起こるものと心得る
⑥何よりもまず事実を確認する
⑦心でっかちにならない
⑧一貫した指導を心がける
⑨チーム力による指導を心がける
⑩細かな記録をとる

大丈夫なのに自分の授業では生徒たちが落ち着かない、そんなことが少しずつ少しずつ顕在化してきます。最初は小さなトラブルと微笑ましく思っていたものが、何度も何度も繰り返し起こると次第に気持も暗くなってきます。なぜ自分の授業だけ……、なぜ自分の学級だけ……。

「もしかしたら、自分は教師に向いていないのではないだろうか……」

そんな思いが頭をもたげてきます。しかし、そうではありません。生徒たちとの人間関係を築くには原則があるのです。それは先達が実践を積み上げるなかで蓄積してきたものです。ここでは、生徒を指導するにあたって基本として身につけたい心構えを紹介していくことにしましょう。どれもこれも、すべての教師が身につけなければならない、教師としての基礎基本といえるものです。

基本として身につけたい10の原則

1

生徒指導は〈予防〉を基本とする

四月、生徒指導上の指導ラインの確認がなされます。スカート丈や頭髪はもちろん、名札を忘れてきた生徒にどのように対処するか、遅刻やチャイム席の基準をどうするかといった細かな基準の打ち合わせをします。中には鞄や上靴・外靴まで指定のもの以外認めないという学校さえあります。私にも経験がありますが、新卒で赴任すると「なぜ、ここまで細かい規定を決めなければならないのか」と感じてしまうものです。しかし、多くの先生方もちょっとした異装や数十秒の時間のズレがそれほど大きなことだと捉えているわけではありません。今後起こるであろう大きな違反を〈予防〉するために、違反が小さいうちに対処しようとしているだけなのです。

生徒指導は〈予防〉を基本とする——これはどれだけ強調しても強調しすぎるということのない基本原理です。もちろん、どれだけ〈予防〉しても〈予防し切る〉などということはありません。しかし、この〈予防〉という感覚をもっているかどうかは、生徒指導の成否を決める、決定的な要素となります。

基本として身につけたい10の原則

2 空白をつくらない

中学校では一般的に、どこの学校でも登下校時間や10分休み、昼休みに廊下や玄関、体育館等の巡視が割り当てられているのではないでしょうか。こうしたいわゆる巡視体制の裏には、時間的にも空間的にも〈空白をつくらない〉という共通認識があります。もちろん、校内暴力の最盛期だった八十年代のように怖そうな先生方が腕を組んで廊下に立っている……などということはありませんが、基本的に中学校では多くの先生方が巡視を大切に考えています。目的は二つです。一つは〈監視〉によってトラブルを回避すること、もう一つは生徒といっしょにいる時間を多くしてコミュニケーションを図り、生徒との〈人間関係〉をつくることです。ですから、現在は巡視といっても、先生方は生徒たちと談笑したり、じゃれあったりしているはずです。

近くに常に先生方がいることによって、生徒同士のトラブルは間違いなく少なくなります。また、何か起こったとしてもすぐに対処することができます。時間的にも空間的にも〈空白をつくらない〉ということは、トラブルを予防するための基本中の基本といえます。

基本として身につけたい10の原則

3

生徒との距離感覚を身につける

若い先生は年が近いせいもあって、どうしても生徒たちと心理的距離が近くなります。教師と生徒というよりは、どこか友達感覚になってしまいます。お互いに冗談を言い合ったり、いじりいじられる関係になったり、放課後には恋バナに花を咲かせたり……。生徒たちと楽しい時間を過ごせるとともに、生徒たちとほかの先生方には真似できないような関係をつくることができます。半面、どこか馴れ合いの雰囲気にも陥ってしまい、生徒が指導を聞き入れてくれないといった場面も出てきます。だれもが通った道です。

反対に三十代後半あたりから、生徒の考えていることがわからなくなってくるという現象も起きてきます。生徒との心理的距離が開きすぎてしまうのです。若いうちは生徒たちと少し距離を置こうと心がけ、四十前後になったら生徒たちに近づこうと心がける。それが教師が生徒を指導するにあたっての距離感覚の原則といえます。昔から、生徒との距離感覚を身につけたら教師は一人前といわれています。若いうちから、この距離感覚について意識するようにしましょう。

基本として身につけたい10の原則

4

空気を醸成する

みなさんの勤務校に、特別怖い先生でもないのに生徒たちと人間関係をつくり、生徒指導でも生徒たちがなぜか言うことを聞いてしまう……そんな先生はいないでしょうか。そういう先生が勤務校にいるなら、ぜひともその先生の一挙手一投足をよく観察してみることをお勧めします。

少し難しい言い方になりますが、そういう先生方に共通するのは、生徒たちに接するうえで〈言葉〉に頼りすぎるのではなく、〈空気〉を醸成していることです。楽しい空気、安心していられる空気、しっとりとした空気、メリハリのある空気などなど、醸成している空気の質は様々ですが、そういう先生は生徒指導においても、自分が醸成している〈空気〉にふさわしい言葉で生徒に語りかけているのです。

生徒指導は、「○○しなさい」という言葉だけで成立するのではありません。その先生の醸し出す〈空気〉が、さりげない言葉、あたりまえの言葉の説得力を高めているのです。〈味のある指導〉と評されるような指導をする教師は、この〈空気の醸成〉がうまい教師なのです。

基本として身につけたい10の原則

5

トラブルは起こるものと心得る

だれしも経験のあることですが、初めて学級担任をもつと、まずは生徒たちの明るさや素直さに心を洗われる思いを抱きます。こんな生徒たちと出逢えて良かった、と。ところが、一ヶ月が経ち、二ヶ月が経って生徒たちが学級に慣れてくると、小さなトラブルが頻発するようになります。時には一日に二件も三件も起こる日さえあります。こうなると学級担任は大忙し。「なんだ、この子たちは」などと思ってしまいます。

しかし、トラブルを起こさない生徒などこの世の中にはただの一人も存在しません。子どもというものはトラブルを起こすものなのです。自分が子どもだった頃のことを思い出してみましょう。自分はそんなに健全なことばかりが好きだったでしょうか。そんなことはないはずです。ちょっとしたいたずらをしてみたくなったり、大人にしか許されないことに興味を抱いたり、そんなことが日常だったのではないでしょうか。いま、目の前にいる生徒たちも同じなのです。トラブルは起こって当然なのだと心得ましょう。

基本として身につけたい10の原則

6

何よりもまず事実を確認する

授業中にある生徒の私語が気になったので注意したときのこと。「なんでオレだけ〜！　みんなしゃべってるじゃん」なんて言われたことはないでしょうか。生徒指導場面で説諭したときのこと。「どうしてボクだけ悪者にされるの」なんて言われたことはないでしょうか。これは生徒というものの本質を表す言葉です。生徒たちが最も嫌うのは、自分だけが悪者にされること、そして自分の言い分を聞いてもらえないことなのです。

例えば、Ａさんから「Ｂくんにいじめられている」という訴えがあったとします。このとき、ＢくんがＡさんをいじめたことが事実であると思い込んで指導にあたってはいないでしょうか。こうした場合、Ｂくんにも必ずＢくんなりの言い分があるはずです。もしかしたら、先に悪口を言ったのはＡさんのほうかもしれません。これを確認しないままに指導にあたったとしたら、教師はＢくんの信用を失ってしまうでしょう。生徒指導においてまずしなければならないことは、〈起こった事実〉をしっかりと確認することなのです。

基本として身につけたい10の原則

7 心でっかちにならない

〈心でっかち〉とは、すべての行動の原因を心の有り様を要因として指導しようとする態度のことです。教師にはこの〈心でっかち〉が実に多いのです。

例えば、暴力事件があって、相手の生徒が怪我をしたとします。こうしたときに、「何考えてるの！」「そんなこと許されると思ってるの！」「どうしてそんなことができるの。信じられない」といった指導言は、すべて〈心でっかち〉の指導言です。そうした暴力事件を起こした生徒たちだって、怪我をさせようとして怪我をさせたわけではないのです。ちょっとしたトラブルからカーッとなってしまい、あくまでも結果として怪我をさせることになってしまったのです。

まずは自分のやった〈行為〉についてよく認識させること、その〈行為〉を反省させること、そしてその〈行為〉の結果に責任を取らねばならないと納得させること、こういう順番になるはずです。〈心でっかち〉は心の有り様に焦点化するために、どうしても冷静な対応をとらせず、いきなり断罪に向かう傾向があります。常に意識しなければならないことの一つです。

基本として身につけたい10の原則

8

一貫した指導を心がける

一貫した指導が大切ではない、などという教師はほとんどいないと思います。しかし、一貫した指導を意識しながら生徒指導に取り組んでいる教師は思いの外少ないという現実があります。

教師は四月に張り切ります。年度がかわって新しい生徒たちと接し始めたときに張り切るのは教師の性《さが》です。ところが、張り切るのは良いのですが、たいして〈見通し〉ももたずにできもしないことを口走ったり、やたらと厳しい生徒指導をしたりすることが見られます。それが一ヶ月経ち、二ヶ月経つうちに少しずつ怠惰になったりゆるくなったり……そうした教師の態度は生徒から見れば「一貫性のない指導」に見えてしまいます。その結果、それが悪しき〈ヒドゥン・カリキュラム〉として機能してしまう……、そういうことが少なくありません。

私は年度当初の四月から、今年の学級はここで勝負する、今年の学年はここで勝負する、と決めることにしています。そしてそれを絶対に揺るがせない指導を徹底することにしています。

一貫した指導には、年度当初に〈見通し〉をもつという力量が必要なのです。

基本として身につけたい10の原則

9

チーム力による指導を心がける

一人でできると思うから失敗する！

一人で抱えるな、みんなでやろう……。

この二つは、私が日常的に肝に銘じているフレーズです。学年主任になると、ほかの先生方に対してもよく言います。一人でできることなど限られている、だれだってフィーリングの合う生徒と合わない生徒がいる、失敗したってみんなで謝ればいい、決して一人の責任にしない、こうした感覚が共有されていれば、生徒指導が少しくらいうまくいかなかったとしてもそれほど落ち込まずに済みます。

教師は学級担任をもつと、学級の生徒たちの問題行動はすべて自分の責任であるかのように感じてしまうものです。しかし、そんなことはありません。第一章でも述べましたが、教師にはそれぞれキャラクターに応じた役割があり、それぞれの役割が有機的につながりを見せたとき、最も力を発揮できるものなのです。いま、生徒指導はチームであたる時代です。

基本として身につけたい10の原則

10

細かな記録をとる

なかなか先生方の間で定着しないことが多いのですが、生徒指導ではマメに記録をとることがとても重要です。

まず第一に、一貫性のある指導をするのに役立つ、ということです。記録をとっておけば、事前の指導を踏まえて今回の指導にあたることができるようになります。

第二に、記録はほかの先生方と共有することができる、ということです。チームで生徒指導に当たるというときに、情報の共有が大切なことは言うまでもありません。

第三に、自分の身を守ることになる、ということです。記録をとっておけば、保護者からクレームが来たときに細かな説明ができます。何日の何時に保護者に電話をしたけれども留守だった、その後も三時間にわたって五回電話したけれども連絡がつかなかった、何月何日に何回目の家庭訪問でこういう約束事をした、こういう事実をしっかりと記録しておくことが大切です。こうした記録が保護者のクレーム回避につながったという事例を、私自身、何度も経験しています。

生徒を観察する10の原則

言うまでもないことですが、よりよい生徒指導にはより深い生徒理解が欠かせません。

生徒理解というと、一般に教育相談活動をしたり、放課後の教室で生徒たちと談笑をしたり、或いは保護者との連絡を密にとったりと、生徒や保護者との直接対話によって理解を深めていくというイメージが大きいように思います。しかし、生徒理解において最も効力を発揮するのは、日常の学校生活における〈生徒観察〉です。日常的に生徒を観察しているからこそ、直接対話でも有効なやりとりができるのです。

ところが、〈生徒理解〉が大切、〈生徒観察〉が大切とはだれもが言うのですが、その観点を学ぶ機会というのはなかなかありません。だれもが特にこれという視点もなく、ただ漠然と生徒たちを見て、直感的に判断しているというのが現実ではないでしょうか。

私は前著『学級経営10の原理・100の原則』において、

10 rules

①観点を決めて観察する
②対象を決めて観察する
③学級の人間関係を把握する
④学級をまたいでの人間関係を把握する
⑤生徒の実態は物を介して顕在化する
⑥生徒の実態は授業前後に顕在化する
⑦生徒の実態は指示後一秒に顕在化する
⑧10分休みの移動を尾行する
⑨素の状態を観察する
⑩顕著な素行を必ずメモする

〈素行評価の原理〉という生徒を観察・評価するうえでの視点を提案しました。生徒たちが先生や友達に見られていると意識しているときではなく、「素の状態」に近いときこそが観察し評価する機会としてふさわしい、という原理です。

本節では、この〈素行評価の原理〉を踏まえて、生徒を観察するうえでの10の視点を提案しています。生徒たちの何気ない表情やさりげない動作を観察したり、ふだんはほとんど意識されることのないような裏技など、私なりに整理したつもりです。

なお、本節「生徒を観察する10の原理」は、私が代表を務めるサークル「研究集団ことのは」のメンバー、畏友サークル「DNA」のメンバー、「北の教育文化フェスティバル」代表山田洋一氏らとの共同研究の成果としてまとめられていることを付記させていただきます。

生徒を観察する10の原則

1 観点を決めて観察する

今日は男子生徒を見る日。今日は女子生徒を見る日。今日は生徒たちの良いところを見る日。今日は生徒たちの悪いところを見る日。今日は生徒たちの休み時間の過ごし方を徹底的に観察する日。今日は朝読書で何を読んでいるのかを把握する日。今日はこれまで気づいていなかった生徒の良さを発見する日。今日は他教科の先生の授業中の様子を観察する日。今日は……。

こんなふうに、毎日、生徒を観察する観点を決めて過ごしてみてはいかがでしょうか。

教師はベテランになればなるほど、自分の生徒観察の目は確かだと感じるようになります。謙虚な教師でもそういう奢りを避けることができないものです。自分の過去の経験に従って、生徒たちに対して「この子は○○のタイプ、あの子は△△のタイプ」と、無意識の分類に陥ってしまいます。悪しきカテゴリー化とでもいうべきものです。

しかし、生徒というものはいろんな表情をもっていて、漠然と観察していてもなかなか理解できません。観点を決めて観察してみると、いろんなことが見えてくるものです。

生徒を観察する10の原則

2

対象を決めて観察する

今日は男子はＡくん、女子はＢさんを観察する、こう決めてしまうのも手です。

学期末、通知表所見を書く際に、「ああ、この子、書くことがない……」などと焦ったことはありませんか？　学期末になって「もっとちゃんと生徒を見ておくべきだった」と後悔してももう遅いのです。それよりは「今日はこの子」と決めてしまったほうがまだ良い、というもの……。

一日に二人しか観察しないなんて……と感じるかも知れませんが、一ヶ月経てば、間違いなくひと回りするのです。一年間続ければ、すべての生徒たちが十回程度、「中心的に観察された日」がある、ということになります。ただ漠然と生徒たちを見て、「観察したつもり」になっている現状よりもはるかに良いといえるのではないでしょうか。

生徒観察というものは、こんなふうに意図的にやっていかないとなかなかできないものなのです。対象を決めて観察する……手放しで良いこととも言えませんが、決して悪いことではありません。こうした意図的な営みこそが〈生徒を見る目〉を鍛えるともいえるのです。

3 学級の人間関係を把握する

生徒たちの人間関係の変化がトラブルを引き起こす大きな要因の一つになっていることは、教師であればだれもが知っていることです。生徒たちの人間関係は刻一刻と変化します。昨日まで仲が良かったのに今日は口もきかなくなっているとか、数ヶ月の冷戦状態がいつのまにか修復していたとか、そんなことは日常茶飯といって過言ではありません。ですから、学級担任はできるだけ学級内の人間関係を把握しておくことが大切です。方法は二つです。

一つは学級内で立ち歩き可の時間を設定してみることです。生徒たちがだれと話しているか、だれが一人で絵を描いたり本を読んだりしているかなど、一目瞭然です。学活でちょっとだけ時間が余ったなどという場合には、こうした時間を五分程度とってみるとよいでしょう。

もう一つはほかの先生方との情報交流です。特に、保健体育や音楽など、座学ではない教科の先生は、そうした人間関係の微妙な変化を把握しているものです。基本的に、自分の学級の人間関係でさえ学級担任の一人の目では見切れない、という発想をもつべきでしょう。

生徒を観察する10の原則

4 学級をまたいでの人間関係を把握する

中学校で意外とおろそかにされているにもかかわらず重要なことがあります。第一に出身小学校を把握しておくことです。できれば出身学級まで把握しておくと、意外な人間関係が理解されてきます。第二には学習塾や習い事での人間関係を把握しておくことです。特に大規模の中学校、都市部の中学校では、どちらも大切な観点です。

いわゆる非行と呼ばれる行為、つまり喫煙・飲酒、万引き、援助交際等をいっしょにするということは、実は相当な信頼関係が必要です。或いは、学校や保護者がその関係にあまり気づいていないようなリスクの低いつながりが必要です。小学校時代のつながりや塾や習い事でのつながりは、こうした関係に合致するような人間関係なのです。

最近の生徒たちは携帯電話で日常的に連絡をとりあっていますから、かつてと異なり、以前の人間関係や校外の人間関係が学級での人間関係以上に密度が濃いということも珍しくありません。現在、教師が心構えとしてもっていなければならないことの一つです。

生徒を観察する
10の原則

5

生徒の実態は物を介して顕在化する

靴箱の使い方や靴の状態、ロッカーの使い方、机の落書きや机の中、筆入れの中身……などなど、生徒の実態は〈物〉を介して顕在化するものです。それほど時間も手間もかかりませんので、定期的にチェックすることをお勧めします。

例えば、どこの学校でも靴箱は上の段が上靴、下の段が外靴というルールになっているはずです。これまでそのルールに従って靴箱を正しく使っていたある生徒に、ある時期を境に靴箱の使い方の乱れが見られたとします。これは多くの場合、その生徒の精神状態を象徴しています。少なくとも、その生徒の中で靴箱の使い方のような小さなルールは守らなければならないものからはずれてしまったということを表しているのは確かでしょう。机に落書きが多くなったとか、筆入れの中身に不必要な装飾品が多く見られるようになったとか、こうしたことも授業への集中力を欠くようになったことを表している場合が多いのです。

生徒の実態は物を介して顕在化する——多くの教師が意識している基本原理の一つです。

生徒を観察する10の原則

6

生徒の実態は授業前後に顕在化する

中学校の教師なら、体育の授業に向かうために我先にと着替えに行く生徒たちを見たことがあるはず。あの姿こそが生徒たちの体育の授業に向かう意識をあらわしている……といえば、「生徒の実態が授業前後に顕在化する」ということの意味がおわかりかと思います。

ところが、体育以外の教科の違いについては、なかなか意識されていないというのが現実ではないでしょうか。ある生徒が美術の授業に向かうときだけ動きがにぶいとか、ある生徒が数学の時間にだけやたらと保健室に行きたがるとか、こうしたことは意識して見ないとなかなか気づかないものです。しかし、不登校傾向を示す生徒たちには、事前にこうした兆候が見られることが少なくないのです。教師が気づいていないのに、いつもいっしょに授業を受けている生徒たちのほうが気づいている、ということもよくあります。実際に不登校になってしまってから他の生徒たちに聞かされて悔やんでも後の祭り。教師は生徒たちの欠席・遅刻・早退や保健室に行った時間と時間割とを照合することを忘れてはいけません。

生徒を観察する
10の原則

7

生徒の実態は指示後一秒に顕在化する

実は、授業中の教師の指示後一秒の間に、生徒たちの「いま」が垣間見られます。何も特別な指示ではありません。「教科書○頁を開いてください」といった、ごくごく単純な指示の後です。意識が学習に集中している生徒は、まず間違いなく一秒以内になんらかの動きを見せます。すぐに頁を繰り出したり、「ん?」と目つきが鋭くなったり、頁数を聞き漏らして教師に不安げな視線を向けたり……。どれもこれも気持ちが授業に向いている証拠です。

しかし、中に数人だけ、動きが緩慢な生徒たちがいます。なんとなく授業が上の空であったり、別のことに集中していて指示が聞こえていなかったり、そんな生徒たちです。

学校の中心は授業です。日に五時間から六時間は授業です。いろいろ細かなことはあるにせよ、曲がりなりにも授業に意識が向いている生徒たちは、学校文化や規範意識にも意識が向いていると見てほぼ間違いありません。そうでない生徒たちにはその逆という可能性があるわけです。

授業中にも生徒指導に生きる観察観点はあるのです。

生徒を観察する10の原則

8

10分休みの移動を尾行する

他動傾向をもつ男子生徒、或いはいわゆるトラブルメーカー的な傾向をもつ女子生徒など、ちょっと気になる生徒があらわれると、私はためしに10分休みに尾行してみることにしています。ときには十メートルくらい離れて、ときにはすぐ後ろを通りといった感じで、つかず離れずで尾行してみます。それもちょっと間をあけて、二週間くらいで四、五回ほど。

そういう生徒たちはたった十分でものすごい距離を移動しているものです。例えば、多動性の高い生徒が自分たちの学年のフロアをものすごい速度で渡り歩いていることが理解されるはずです。また、女子生徒の場合はもっと顕著です。いま三階で友達と話をしていたかと思うと、一階に行って保健の先生とおしゃべり、その後四階まで昇って後輩とおしゃべり、そんな感じで移動している子さえいるほどです。

私たちの感覚では計り知れないような行動パターンで動いていることがよくわかるはずです。こんなところから生徒理解がはかられる、ということもあるのです。

生徒を観察する
10の原則

9

素の状態を観察する

生徒を観察し理解することが大切とはだれもがいいますが、教師が目を光らせ、管理しているなかで生徒を観察してもほとんど意味はありません。教師に見せる化粧顔ではなく、緊張感のない素顔を観察してこそ、生徒観察は生徒理解へとつながるのです。

例えば、授業中の表情や生徒指導中の表情よりも、生徒が休み時間に見せる表情のほうがより〈素〉に近い表情であることは理解できるはずです。授業中にある生徒が発言しているとき、その発言をしている生徒よりも発言を聞いている一般生徒のほうがより〈素〉に近い状態であることも理解できるはずです。合唱コン練習でソプラノの響きが悪いので他の三パートを休ませてソプラノの響きを確認する、こんなとき、ソプラノパートの生徒たちよりも休んでいる他の三パートの生徒たちのほうがより〈素〉に近い状態であることも容易に想像がつくはずです。

このような「素の状態」こそが生徒がその本質を垣間見せてくれる瞬間なのです。私はこうした「素の状態」「素の行動」をこそ観察しよう、と提案しています。

生徒を観察する10の原則

10 顕著な素行を必ずメモする

授業中のふとした仕草、休み時間に見たちょっとした親切、行事の合間に見た真剣な眼差し、そんな生徒たちの「素の行動」は必ず記録をとっておくようにしましょう。忘れてしまうにはあまりにも惜しいからです。そういう一瞬の輝きの記憶は教師として大きな武器になるのです。

まず第一に、通知表の所見に使えます。生徒にしても保護者にしても、そういうところを見ている教師には信頼を寄せるはずです。親子はもちろん、祖父母親戚にまで自慢したくなるような大きな出来事になるはずです。

第二に、生徒と面談したり保護者と懇談したりするときの大きな話題の一つとして機能します。生徒にはどういう思いでそういう行動をとったのかと訊くことで、更に意外な一面が発見できるかもしれません。保護者は我が子の良さを具体的に認めてもらえることになります。

第三に、学級にその生徒の良さを具体的なエピソードとして紹介することができる、ということです。そういう目で担任が見ているということを見せ続けることができるのです。

生徒との距離を調整する10の原則

昔から、「生徒たちとの適切な距離感覚を身につけたら教師として一人前」といわれます。
若いうちは生徒たちと年齢的に近いこともあって、どうしても友達感覚に近くなってしまいます。生徒たちも親しみをもって接してくるものですから、教師の側もついつい「教師―生徒関係」「教える―学ぶ関係」を逸脱して接してしまう……そんなことになりがちです。
逆に三十代後半から四十代くらいになると、自分では意識していないのに、いつのまにか生徒たちとの関係がぎくしゃくしてしまっていた、と戸惑っている先生をよく見かけます。これは自分はまだまだ若いつもりでいるのですが、生徒たちから見ればかなり遠い存在になっていて、そのことに教師自身が気づいていなかったという事例です。
若いうちは生徒を甘えさせ過ぎないように少し距離

10 rules

①自分を過信しない
②私的な場と公的な場とを使い分ける
③常に全体の利益を語る
④他人に影響を与える要求を聞かない
⑤好かれようとし過ぎない
⑥基本的に生徒を怒鳴らない
⑦真顔になりトーンを落とす
⑧生徒が気づかないところを褒める
⑨その場でピシッと叱る
⑩私的なやりとりをしない

を置こうと意識しながら生徒に接する、四十前後になったあたりから生徒を理解しようとそれまで以上に近づこうと意識して生徒に接する、それが原則です。

二〇〇〇年前後から、「学級崩壊」「指導力不足教員」という用語がマスコミを賑わしてきました。若い先生は生徒たちとの心理的距離が近すぎたことが災いして、ベテランの先生は生徒たちとの心理的距離が遠くなりすぎたことが災いして、生徒たちに指導が通らなくなったことが要因になっています。生徒との距離は近すぎても遠すぎてもいけないのです。

教師は生徒たちの相談に乗れる近い存在であると同時に、生徒たちをより良い方向に導くとともに、いざというときには生徒たちをきちんと避難させられる統率者でもなければなりません。そのどちらにもなれるような〈あいだ〉の位置に立つこと、それが生徒との適度な距離感覚であるといえるでしょう。

生徒との距離を調整する10の原則

1 自分を過信しない

教師は一般的に、自身の人間的影響力によって生徒を導こうとするメンタリティを抱く傾向があります。しかし、もしあなたが教師でなかったならば、生徒からも保護者からも相手にもしてもらえない、というのが真実です。あなたがいまもっている権威は、教職という立場がもたらしているものに過ぎません。

若い教師がそうしたメンタリティに陥ってしまう大きな場は部活動です。新卒間もない教師の指導にさえ、多くの部活動生徒は従います。少々やんちゃタイプの生徒でさえ、教師の指導に従うことが多いのが部活動です。しかし、部活動は受益者集団です。その種目がうまくなりたい、一所懸命やりたいという生徒だけが集まっているのです。教師の指導が最も受け入れられやすい場なのです。学校教育によって強制的に行われる学級経営の場や生徒指導の場とは、基本的にその構造が異なるのです。教師を教師たらしめているのは、あくまでも自分の力などではなく、学校教育に対する国民世論のコンセンサスなのだという意識をもたなければなりません。

生徒との距離を調整する10の原則

2

私的な場と公的な場とを使い分ける

私的な場と公的な場とで生徒に対する言葉遣いを使い分けなさい、こう先輩教師に言われたことはないでしょうか。私も新卒の頃、よくこういう指摘を先輩教師から受けました。しかし、この指摘は若い先生にはなんとなく納得がいかないものです。友達のようにフラットな関係を築いたほうが、生徒たちとの信頼関係が成立するように思われるのです。

ところが、教職を何年も経験してくると、このことの重要性が理解されてくるものです。生徒たちに私的な場と公的な場とで態度を使い分けてほしいと思うならば、教師が普段から範を示しておくことが重要なのです。休み時間や学活時間に生徒たちとおしゃべりするときにはある程度気を緩めてもよいけれど、授業や集会活動などでは公的な場にふさわしい言葉遣いと態度で生徒たちに接するのがよいのです。

地震にしても火事にしても、いざというときに教師は一人残らず生徒たちの安全を確保しなければならない立場です。そういう立場の人間が生徒とフラットな関係で良いはずがないのです。

生徒との距離を
調整する
10の原則

3

常に全体の利益を語る

生徒と教師とを分ける一番の一線は何かというと、生徒が基本的には自分の利益を中心にものごとを発想するのに対し、教師は常に全体の利益に照らして物事を発想するというところにあります。教師が生徒たちと距離を置かなければならないというのも、実はこの点においてなのです。

若いうちは生徒の相談に乗っていればその生徒のことを中心に考え、学級担任をもてば自分の学級のことだけを考える、というふうになりがちです。「教師は生徒との距離感覚を身につければ一人前」とよくいわれますが、実はこのことは「個人の利益よりも全体の利益を考えて発想できるようになったら一人前」ということと同義なのです。

生徒たちとの距離を調整するためにも、日常的に全体の利益について語り続けることが大切です。日常的に生徒たちとの会話を楽しんだり、ときにはじゃれ合ったりしていたとしても、学活や学年集会など、いざというときには全体にとってこれが益、全体にとってこれが善ということを、常に意識して語り続けていれば、生徒と馴れ合いの関係には陥らないものです。

生徒との距離を調整する10の原則

4

他人に影響を与える要求を聞かない

学校教育には現在、サービス業的な面が半分ありますから、生徒や保護者の要求は可能な限り叶えてあげるのが筋としては正しい在り方といえます。

しかし、もちろんなんでもかんでも聞いて良いというわけではありません。「学級全体や学年全体の不利益にならない限り」という条件がつきます。ですから、教師としては、他人に影響を与える要求に関してはすべて、すぐには聞かないという姿勢を堅持することが必要です。

例えば、私の場合は緊急を要するものでない限り、生徒から何か要求されたとしたら、「それはほかの人にいやな思いをさせたり、不満を抱かせたりする可能性がないか考えてごらん。」といった対応をすることにしています。保護者からの要求でさえ、例えば「うちの子が～と言っているので、席を変えてほしい」などといった学級全体に影響を与えるようなものについては、「次の席替えがもう少しであります。そのときには配慮しますので、もう少し我慢させてください。」と、原則的にはお断りすることにしています。

生徒との距離を調整する10の原則

5

好かれようとし過ぎない

若い教師はどうしても、生徒に嫌われることを回避したいと考えがちです。それがちょっとした違反を見逃したり指導が甘くなったりということにつながります。だれしも経験のあることなので、心情的にはその気持ちはわからないでもありません。

しかし、生徒たちは決して、甘い先生が好きなのではありません。良いことをしたら褒めてくれ、悪いことをすれば叱ってくれる、つまり、指導すべきことは指導してくれる先生が好きなのです。二十一世紀になって、その傾向は特に強くなってきています。かつては若いお兄さん・お姉さん先生が無条件に生徒たちに好かれていましたが、現在は「頼りない」という評価を受けることが多くなってきているのもこの傾向によります。

とはいっても、決して「嫌われても良い」といっているわけではありません。現在、教師は生徒たちに嫌われてしまうとすべての教育活動がやりづらくなります。「好かれる教師」ではなく、「頼りがいのある教師」をこそ目指すべきなのです。

生徒との距離を調整する10の原則

6

基本的に生徒を怒鳴らない

私は〈生徒を怒鳴らないこと〉を基本原則としたほうが生徒指導がスムーズに進むと考えています。生徒を怒鳴り続けていると、生徒のほうも次第に怒鳴られることに慣れていきます。怒鳴られ慣れているので、怒鳴れてもすぐにピッとはならなくなります。それを見て教師は更に声を荒げます。さて、それでも動きが緩慢になったり言うことを聞かなくなったりしたとき、この教師はどうするのでしょうか。次の一手があるのでしょうか。まさか体罰でしょうか……。そうです。教師には次の一手がないのです。その後はトーンを変えて説諭になっていきます。怒鳴られ慣れた生徒たちはこの方針転換を甘く見ます。これが生徒に教師をなめさせる構造なのです。

ふだんはにこにこ微笑んでいる。生徒指導では落ち着いたトーンで説諭する。そういう教師がここぞというときに怒鳴るからこそ、〈怒鳴る〉ということが生徒たちに響くのです。怒鳴ることは生徒との距離を遠ざけているように見えて、感情の露出を意味しているだけに、生徒との距離感覚をねじれた形で近づけてしまっているのです。割と意識されていない構造です。

生徒との距離を調整する10の原則

7

真顔になりトーンを落とす

教師は老若男女を問わず、休み時間や放課後には生徒たちと和気藹々とおしゃべりをすべきです。生徒たちとの関係をつくるうえで、いっしょに笑ったり腹を立てたり残念がったりすることは大きな意味をもちます。学生時代の友人を考えればわかることです。人はともに感情を共有すればするほど、信頼関係を築けるもの。その意味で生徒との感情の共有は絶対に必要です。

しかし、多くの若い先生方が陥りがちなのが、生徒に不適切な言動があっても同様の感覚で笑ってしまうことです。例えば、級友の肉体的な特徴を指摘したり社会的に不適切と思われるようなニックネームを口にした場合などです。逆に、力量のあるベテランの先生方は、生徒たちと和気藹々におしゃべりしているときにも、生徒たちに不適切な言動があった場合にはすぐにたしなめるのです。これが近すぎず遠すぎずの距離感覚を示す、象徴的な在り方です。生徒に不適切な言動が見られた場合には、それまでいくらにこにこしていても即座に真顔をつくり、「それは言ってはいけないことだよ」と落ち着いたトーンで指摘しましょう。

生徒との距離を調整する10の原則

8

生徒が気づかないところを褒める

教師が生徒を褒めるということは、一見、教師と生徒との距離を近づけるように思えます。もちろん生徒側から見れば、褒めてくれる教師というのは好ましい存在ですから、快不快レベルでいえば距離は近づいていています。

しかし、〈褒める〉という行為はあくまでも〈評価〉ですから、〈評価する側〉と〈評価される側〉とを厳然と分けるという機能ももっています。従って、〈褒める〉という行為は、生徒に好感をもたれ、生徒にやる気を出させ成長させる起爆剤になるというだけでなく、教師―生徒の好ましい距離をつくることにも寄与するのです。ですから、教育関係者のだれもが言うことですが、教師は生徒をどんどん褒めなければなりません。

できれば、本人が気づかないようなところ、大人だからこそ気づくところを褒めてあげるとよいでしょう。例えば、「バランス感覚があるねえ」「この学級の雰囲気づくりにずいぶんと貢献してくれてるよ」「大人でもなかなかできないことだよ」などなど。

生徒との距離を
調整する
10の原則

9

その場でピシッと叱る

廊下を歩いていると、スカートの短い女子生徒がいるとか、名札にちょっとした飾りをつけている生徒がいるとか、少々度を超えたおちゃらけをしている生徒がいるとか、こうしたことに遭遇します。「まあいいや」と見過ごすことはいけませんし、「ちょっと待て。なんだそれは……」というネチネチやるのもいけません。その場でピシッと叱るのがコツです。

〈ピシッ〉というのがミソです。〈ビシッ〉と叱るのではありません。厳しく叱るのでもなく説諭するのでもない。〈ピシッ〉というのは、〈毅然とした態度〉と〈時間の短さ〉という両方を包含した概念です。あくまでも明るく、「ダメ！　直して」とか「ヤリスギ！」とか「急ぐ！」とかいった短い言葉を、日常で話すのと同じトーンで伝えるのです。

生徒にとっては、こういう嫌みのない指導が最も聞き入れやすいのです。そうでありながら、注意を受けたという事実は生徒のなかにしっかりと残るわけであり、生徒から見れば、細かなことについても指摘する筋の通った先生ということになります。

生徒との距離を調整する10の原則

10

私的なやりとりをしない

最近、若手教師はもちろん、ベテランでも〈心でっかち〉傾向をもつ教師に多いのが、日常的に生徒たちとメールのやりとりをする教師です。これは基本的に感心しません。

電話が空間を超えたコミュニケーション・ツールであるのに対し、携帯メールは時間と空間の両方を超えたツールです。つまり、電話であれば「もう遅いし、先生に迷惑がかかるからやめよう」という気遣いの意識が働きますが、携帯メールは何時であっても気にせずに送信することができます。しかもそれでいて、受け取った側にとっては、できるだけ早く返信しなければと思わせてしまうという、なんとも矛盾したツールなのです。メールにはこうした特徴がありますから、出す側も受け取る側も個人的になりやすい、私的になりやすいという傾向があります。にもかかわらずボタン一つで内容を転送できるという機能も備えています。

不登校生徒とのコミュニケーション手段として使う場合は例外として、特定の生徒と個人的にプライベートタイムに連絡を取り合うということは避けるのが原則でしょう。

事実を確認する　10の原則

中学一年生を担任したときのことです。小学校から問題傾向生徒として引き継がれてきた男子生徒に、何度か次のように言われたことがあります。

「小学校ではほとんど話も聞いてもらえなくて、いつもオレが悪いと決めつけられた。中学校はちゃんと話を聞いてもらえて、そのうえで悪いところはここところだと言ってもらえるからいい。」

私は生徒のこういう言葉を聞く度に、〈事実を確認してから指導にあたる〉ということが小学校でも常識になればいいのに……と思います。もちろんすべての小学校の先生が事実を確認することもなく指導するわけではないでしょうし、すべての中学校で事実確認が徹底しているわけでもありません。しかし、私は新卒で赴任した学校が〈事実確認〉を徹底する学校だったので、二十年以上の教員生活において、とにかく事実を確認することが第一にすべきことなのだという意識

10 rules

①全体像がわかるまで指導に入らない
②関係生徒を分けて確認する
③解釈や思いを聞かない
④時・場・人・言・動を確認する
⑤合わない箇所を徹底して確かめる
⑥関係者全員に全体像を確認する
⑦全体像から判断して指導する
⑧全体像から方針を固める
⑨自己保身のための嘘を許さない
⑩一人で対応する場合にも応用する

をもってきました。その結果、「なぜ、オレばかりが悪いと決めつけるのか」とか「みんなやってることじゃないか」とか、そうしたよくある生徒の言葉を投げかけられることなく済んできました。

正直なところ、私は〈事実確認〉を曖昧にしたままに指導にあたる教師を見ると、それだけで怒りさえ覚えます。それは、どんなにその生徒の責任が明らかであったとしても、です。いつ、どこで、だれとだれの間に、何をきっかけに、どういう言葉が交わされ、何が行われたのか……、それを目撃していた者はだれとだれなのか、目撃していた生徒たちの目にそのトラブルはどう映ったのか、そういうことを確認することもなしに指導することができるというのは、神の領域なのではないか、そんなふうに思うのです。

ここでは、トラブルの初動としてまず必要な、〈事実確認〉の在り方について10原則を紹介します。

事実を確認する
10の原則

1

全体像がわかるまで指導に入らない

起こった事実を確認するということは、どういうことでしょうか。

それは起こった事実の〈全体像〉を把握するということです。従って、「事実を確認してから指導する」ということは、裏を返せば「全体像が把握されるまでは指導に入ってはいけない」ということを意味します。

教師と生徒との関係が崩れていく一番の原因は、一方的に自分が悪いと決めつけられた……そう生徒が感じてしまうことです。授業中に注意を受けた生徒が「みんなやってるじゃないか。なぜ自分だけ……」とぼやいたり、生徒指導において「なぜオレばかり悪者にされるんだ！」と抵抗をしたり、そうした生徒の姿をみなさんも何度か見たことがあるのではないでしょうか。

年度当初、すべての指導事案で全体像を明らかにするということを続けると、その後、生徒たちは「一方的に悪者にされることはない」と教師団を信頼するようになり、一年間の生徒指導がものすごくやりやすくなります。四・五月は特に丁寧に事実を確認する必要があるのです。

事実を確認する
10の原則

2

関係生徒を分けて確認する

事実を確認する場合には、生徒と教師とが一対一で行うのが基本です。例えば、ＡくんとＢくんの喧嘩の事実確認、その場にいた目撃者が三人……という場合には、原則として事情を聞く教師が五人必要だということです。こういうことを考えても学年団や職員室のチーム力が大切だということがわかります。特に、こうした段取りを職員全員が共通理解している、ということが不可欠になります。

生徒に限らず、人間は一般的に、自分から話が漏れたということが広まるのを嫌う傾向をもっています。従って、関係生徒が複数いる場で事情を聞くと、どうしても正直に話すことに対して心理的な規制がかかってしまうものです。その生徒が素直じゃないとか不誠実であるとかいう理由ではなく、みんなの前で話すということ自体が話しづらいのです。それを避けるためにも、一対一で事情を聞くのが理にかなっていると言えます。

ただし、男性教師が女子生徒と一対一になるのはリスクもあるので気をつけましょう。

事実を確認する
10の原則

3

解釈や思いを聞かない

事実を確認することを目的として生徒から事情を聞く場合には、その生徒の思いや解釈を排除させせることが必要です。私の場合、「まず最初から、思いや解釈を入れずに、起こった事実だけを話してみて。」と言うことにしています。生徒は「ええと、Aがオレが何にもしないのにいきなり殴ってきて、オレも殴られたから腹立って殴り返した。」などと、思いや解釈を加えた言い方をすることが多いわけですが、教師はまず、こうした物言いを制止しなければなりません。

例えば、「いやいや、ちょっと待って。まず、Aくんは何と言って殴ってきたの？」と訊き返します。生徒は「えっ？」という表情をしますが、「あのね、いまのが事実だとすると、Aくんは、何も言わずにいきなり殴ってくるモンスターみたいなヤツになっちゃうんだけど……。」とたたみかけます。こんなやりとりをしているうちに、生徒も少しずつ冷静になってきます。「そういえば、『ふざけるなよぉ！』と言って殴ってきました。」「何発？」「一発です。」というように起こった事実が確認できるようになってきます。

事実を確認する10の原則

4

時・場・人・言・動を確認する

【生徒指導メモ例】

4／3（月）15：30　於・相談室
斎藤　大（1－1）／堀　裕嗣

3／31　13：30頃　斎藤　煙草購入（学校近くのローソン）
13：45頃　高村（1－2）合流　たんぽぽ公園へ
14：00頃　たんぽぽ公園トイレ内で喫煙
斎藤２本　高村３本
15：00頃　中村（1－3）合流　キャッチボール始まる
15：30頃　斎藤休憩　トイレ内喫煙
15：45頃　高村休憩　トイレ内喫煙
※斎藤・高村の喫煙を中村は知らず
16：30頃　中村帰路へ
16：45頃　斎藤・高村打ち合せ
斎藤「もって帰ったらやばくない？親に見つかるかも」
高村「俺の親なら大丈夫だけど」
斎藤「じゃあ、お前もってく？」
高村「いや、俺別に吸いたいわけじゃないから」
17：00頃　二人別れる
17：10頃　斎藤　煙草をセブンイレブンのゴミ箱に捨てる　帰宅

起こった事実を確認するというとき、明らかにしなければならないのは五点です。即ち、〈時間〉〈場所〉〈人物〉〈台詞〉〈行動〉です。この五点を時系列で確認していきます。

例えば、事情を聞いている関係生徒の話から上のようなメモをつくることを目指します。この例は休日に喫煙をしたという場合の例です。

事実を確認する
10の原則

5

合わない箇所を徹底して確かめる

生徒を分けて事情を聞いたとき、細かな違いを蔑ろにせず、徹底的に詰めることが必要です。だれかが嘘をつくことによって得をしたというようなことがあってはいけないことはもちろん、何より人間の記憶というのは曖昧で、本人が勘違いをしていたり忘れてしまっていたりといったこともあるからです。

例えば、前頁の喫煙の例であれば、斎藤くんは午後二時頃に自分が二本、高村くんが三本の喫煙をしたと証言しているわけですが、高村くんは自分も斎藤くんも二本ずつだと証言するかもしれません。また、中村くんも斎藤くんが見ていないだけで、高村くんからもらって煙草を吸っていたかもしれません。こういう小さな事実をすべて詰めていくのだということです。

別室に分かれて事実確認をするときには、事情を聞く教師の間で、「では、三十分後、四時に一度職員室に集まって証言を突き合わせましょう」といった確認をして、証言の合わないところ、矛盾するところを徹底して確認することを怠ってはなりません。

事実を確認する
10の原則

6

関係者全員に全体像を確認する

関係生徒の証言した事実に大きな矛盾がなくなったら、生徒たち全員を一カ所に集めて、起こった事実の〈全体像〉を確認します。一人の教師（多くの場合は生徒指導の先生）が生徒たち全員の証言から得られた〈全体像〉を時系列に読み上げていくことになります。

次のような感じで始めます。

「三人の証言を総合して、だいたい次のような事実があったと先生方は捉えています。これから読み上げていきますので、よく聞いてください。もしも事実と違っているというところがあったらあとで聞きますから、取り敢えず最後まで黙って聞いてくださいね。」

こうした〈全体像〉の確認において、生徒から「そこは違う」と指摘されるということはまず起こりません。起こったとすれば、それは前段階での事実確認が甘かったことを意味するとさえいえます。こうして関係生徒・指導に当たった教師全員に起こった事実の〈全体像〉が共有化されるのです。

7 全体像から判断して指導する

関係生徒全員と指導に関わった教師全員で〈全体像〉が共有化されたら、この時点で初めて、いわゆる「指導」に入ります。生徒指導担当教諭が一人ひとりについて何が悪かったのか、どうすれば良かったのかについて諭して聞かせることになります。ここで説諭するのは、できれば担任外の教師か担任をもっているにしても関係生徒の担任ではない教師が望ましいです。基本的に関係生徒全員を客観的立場から見られる教師が担当するのが原則です。

ここでの説諭内容は基本的に、それぞれの生徒たちの行為がどのような結果を招いているかについて、一つひとつ語っていきます。暴力行為があった場合には、たまたま大事に至らなかっただけで、その暴力行為が一歩間違えば後遺症を残すような場合があること、そうなったら暴力被害生徒の本人及び保護者は、一生加害生徒を許さないであろうことなどを語って聞かせます。また、トラブルを誘発する発言をした生徒については、そうした軽口がこのような重大な結果につながることがあることについて、ゆっくりと語っていくことになります。

事実を確認する10の原則

8 全体像から方針を固める

生徒たちが納得したら、最後にそれぞれ担任教師からゆっくりと話をしてもらいます。ここで初めて心の在り方に踏み込んだ指導が可能となります。この間に、生徒指導担当教諭は〈指導の全体像〉（事実確認の内容と指導の経緯）を生徒指導部及び管理職に報告するとともに、生徒指導部・管理職の意向を確認しておくことが大切です。

学級担任による関係生徒への説諭を終えてから、指導に関わった教師全員で今後の保護者対応の方針を決定することになります。①担任による最終的な説諭の状況の報告、②管理職の意向の報告、③関係生徒の納得度合いの検討（納得度合いが低い場合には学級担任の説諭の場で明らかになる場合が多いので）、④保護者への連絡の必要性の確認、⑤保護者の来校或いは家庭訪問の必要性の検討、⑤保護者を交えての謝罪の場が必要か否かの検討、⑥公共物破損がからんでいる場合、弁償の必要性や管理職への謝罪の場の必要性の検討、等々がなされます。場合によっては生徒指導主事や管理職を交えて今後の方針を固め、各々がその方針に従って動くことになります。

事実を確認する
10の原則

9 自己保身のための嘘を許さない

〈事実確認〉の流れのなかで、ある生徒が自己保身のために教師に嘘をついていたことが発覚する場合があります。自分は見ていない、やっていないと言い張ったり、少しでも罪を軽くしようと誤魔化したりしようとした場合です。たいていの場合、他の生徒の証言からこれらの嘘は明らかになりますが、この〈自己保身のための嘘〉は絶対に放っておいてはいけません。他の生徒が担任による説諭に入った時点で、学級担任と生徒指導担当教諭とでかなり厳しく指導する必要があります。

①嘘をつくことによって誤魔化そうとすることが事実確認を長引かせたこと、②他の生徒たちにも嘘をついているのではないかという問いただしを生じさせたこと、③今後同じことがあった場合にも信用できなくなること、等について生徒指導担当教諭が厳しめに指導する必要があります。学級担任を悪役にせず、この役割は生徒指導担当が担うべきです。こうした段階を経ておくことが、今後の同じような事実確認があった場合に、その指導をスムーズにさせるのです。

事実を確認する10の原則

10

一人で対応する場合にも応用する

これまで複数の教師で〈事実確認〉する例を挙げてきましたが、場合によっては複数の生徒に対して一人で対応しなければならない状況というのもあり得ます。その場合には、一人で同じ機能が働くように、次のように進めます。

①関係生徒を一カ所に集めて座らせる。
②「今回の件を最初から最後まで見ていて、経緯を一番よく知っているのはだれか。」と訊く。
③その生徒が明らかになった時点で、「では、これからAくんに事の経緯をしゃべってもらいます。自分の覚えていることと違うということが出てきても、それはあとで聞きますから、取り敢えず最後まで黙って聞いていてください。」と指示する。
④Aくんの証言を聞き、メモをとる。
⑤メモを読み上げ、「事実と異なる点はありませんか。」と他の生徒に訊いていく。
⑥他の生徒が挙げた矛盾点について一つひとつ全員に確認しながら、〈全体像〉を明らかにする。

生徒を説得する10の原則

最近の生徒は教師の説得に応じなくなった、と言われています。以前に比べて、同僚から「まったく、あの生徒はいくら言っても納得しない」とか「最近の生徒は説得もひと苦労でやっかいだ」とかいう言葉を聞くことも少なくなくなりました。

しかし、私はこれは違うと感じています。

昔は、教師の言うことは聞かねばならないというコンセンサスが社会にありました。だから、納得していなくても納得した振りをしなければならなかったのです。それが現在、そのコンセンサスが崩れ、教師に権威がなくなったために、本当に納得するか、或いは「この先生が言うのだから仕方ない」と思える先生に言われるかしない限り、生徒が教師の説得に応じなくなったのです。

厳しい言い方をすれば、生徒を納得させられないのは、生徒のせいで納得させられないというよりは、自

10 rules

①知と情の両面で語る
②生徒のコードを捉える
③生徒に選択させる
④生徒の人間関係を題材に説得する
⑤生徒の将来を題材に説得する
⑥納得よりも行動の改善を優先する
⑦場合分けで説得する
⑧嘘や隠し事を聞き出す
⑨涙が乾くまで人前に出さない
⑩これまで通りに過ごさせる

分自身が生徒から見て「この人に言われたら仕方ない」というような教師になっていないことによるのです。生徒のためを思って動く、生徒の気持ちに沿って生徒指導をする、そういう姿を生徒たちがあなたのなかに見ていない、そういうことなのです。

生徒を説得するための技術、語りの技といった要因もないわけではありません。しかし、〈どう語るか〉と同時に、生徒から見て大切なのは〈だれが語るか〉なのです。この構造をすべての教師が心しなければならない、私はそう感じています。

ここでは、生徒指導場面で生徒を説得するうえでどのような配慮が必要なのか、生徒指導を終わらせる、まとめるうえでどのような配慮が必要なのかについて、教師の心構えを提案しています。生徒が教師の説得に応じなくなったと嘆く読者の皆さんに少しでも役立つなら幸いです。

生徒を説得する
10の原則

1 知と情の両面で語る

かつての同僚が「いいかい？　考えられることは二つある。一つは……」と言った途端に、その指導していた男子生徒が殴りかかってきた……ということがありました。また、別の同僚が「私は○○くんのことを大事に思っている人がたくさんいると思うよ」と言った途端に、その生徒にフンッと嘲笑された……ということもありました。どちらも生徒指導場面でのことです。

前者は理知的な対応より情に訴える指導のほうが受け入れやすいタイプの生徒に理知的に対応したことが、後者は情に訴える対応より理知的に指導したほうが受け入れやすいタイプの生徒に情で訴えようとしたことが原因です。教師はどうしても〈知に訴える〉ことを得意にしているタイプと、〈情に訴える〉ことを得意としているタイプとのどちらかに分かれます。

〈知〉を得意とする教師は〈情〉を、〈情〉を得意とする教師は〈知〉を、つまり、苦手な側の語りかけを意識的に学ぶ必要があります。教材は周りの先生方の語り。その気になれば、学ぶ機会はいくらでもあります。同僚の生徒指導をよく観察しましょう。

生徒を説得する
10の原則

2 生徒のコードを捉える

生徒を説得しなければならないというとき、まず留意しなければならないのは生徒の〈コード〉を捉えるということです。

生徒から事情を聞いている間に、自分の思いや自分の感情をわかってもらおうとしゃべり続けているのか、相手の立場を考えたり周りに迷惑をかけたことを見つめる発言があるのか、この点に注目します。「だって、あいつが先にやったんだよ。もうやってられないよ」といった物言いが前者、「そりゃぼくだって手は出したけど、あいつみたいに思いっきりやったわけじゃない」といった物言いが後者。前者には〈情〉に訴え、後者には〈知〉に訴えるが原則です。

事情を聞くときにはただ漫然と話を聞くのではなく、ただ起こった事実を訊くことのみに集中するのでもなく、どういうタイプの〈語り〉が後に必要になるかを見極めることが大切です。

ただし、ちょっと話を聞いただけで判断できるほど簡単ではありません。このことは、〈コード〉を捉えられるほどにじっくりと話を聞くということをも意味しているのです。

3 生徒に選択させる

暴力を伴った案件やいじめと認知されるような事例ではそうはいきませんが、生徒たちによくあるちょっとした口喧嘩やトラブルであれば、解決方法を当事者生徒自身に選択させるというのも一案です。つまり、①当事者同士で話し合ってトラブルを解決する、②第三者生徒を介してトラブルを解決する、③先生に仕切ってもらってトラブルを解決する、という三つから生徒自身に選ばせるのです。

生徒たちを自立に向かわせるためには、小さなトラブルであれば自力解決しなければならないという意識を抱かせることが大切です。解決方法を選択させる仕方は、その意味で大きな一歩として機能します。ただし、①暴力を伴っている場合、②加害者が複数で被害者が一人である場合、③加害者と被害者との間に日常的な力関係の差（上下関係）があると認められる場合、この三つの場合には必ず教師が仕切るというふうに、場合によって分けて考えることも必要です。年度当初にこうした例外をきちんと生徒たち全員に伝えておくことが重要です。

生徒を説得する
10の原則

4

生徒の人間関係を題材に説得する

指導されている生徒にだって、嫌われたくない、迷惑をかけたくない、信頼を裏切りたくないという人間関係があるものです。それは担任であったり、両親であったり、友人であったりします。〈情〉に訴えるタイプの説得をしようと思ったら、こういう人たちがどう感じるか、どう考えるかということをゆっくりと代弁してあげることが基本です。

「先生はお前がこれからもそんなことをする子だとは思っていないよ。今回のことも、最初は何かの間違いではないですかって、○○先生や教頭先生に訊き返したくらいだよ。」

「お前の母さんもこんなことで学校に呼ばれることになるんだぞ。お前の母さんだったら泣き出しちゃうかもしれないなあ。オレも母さんになんて言っていいかわからないよ。」

「○○や○○だって、お前がこんなことをやっていたって聞いたら驚くだろうな。まあ、もちろん言わないけどな。でも、やっぱりお前はみんなの信頼を裏切ったんじゃないか?」

私はこうしたタイプのことをじっくりと語っていくことにしています。

生徒を説得する
10の原則

5

生徒の将来を題材に説得する

どんな生徒だって将来への漠然とした不安を抱いています。どんな生徒だってまっとうな人生（ちょっと言葉は悪いですが）を送りたいとの希望を抱いています。それでも、自分でもよくわからないうちに、理由なんて説明できないままに、教師に指導されるようなことになってしまった……生徒というものは、思春期というものはそういうものです。

私が生徒指導においてよく生徒に言うのは、「一生そんなふうに生きていくつもりか」という台詞です。生徒の多くは少しだけ目を見開いて、私を見つめます。

「お前が固い決意のもとにそういうことをやっているんなら、まあお前の人生だからいいけど、いまはやんちゃやってるけどあと数年もたてば……なんて考えているのだとしたら、改めるのは数年後じゃなくていまだぞ。去年より今年、先月より今月、間違いなくお前は悪い方向に進んでるじゃないか。数年後にはどこまで行くんだ？　いまなら間に合う。明日までによく考えてこい。」

男子生徒には割と効果のある台詞です。

生徒を説得する
10の原則

6

納得よりも行動の改善を優先する

生徒指導においては生徒を納得させるにはこれまで述べてきたように、生徒のコードを捉え、知・情両面から説得するというのが原則です。しかし、最近の生徒、特に理知的な生徒のなかにはそうした原則的な指導では納得しない傾向も見られます。そうした場合、教師はそれをなんとか説得しようと言葉を尽くすのですが、生徒のかたくなな姿勢に「なんだ、この生徒は！」となってしまいます。その生徒との関係が悪くなってしまうことさえしばしばです。しかし、これは〈心でっかち〉の失敗例です。もちろんそうなってしまう教師の気持ちはわからないではありません。しかし、それがもとで教師と生徒の関係が悪くなってしまったのでは元も子もありません。

私はそうした場合、次のように言って指導をまとめることにしています。

「お前の人生だ、別に納得しなくてもいいよ、行動さえ改まれば。ただ、お前の人生だからお前がどう考えようと良いけれども、オレはそれは間違ってると思うよ。」

私の経験からいって、こういう言葉は生徒のなかに長く残る効果的な指導言です。

生徒を説得する
10の原則

7

場合分けで説得する

これは理知的な男子生徒にしか通用しない手法ですが、比率で説明して納得させるという手もあります。例えば、こんなものの言い方です。

「どっちが先に手を出したかってことについては言い分が食い違ったまになっちまったな。お前が納得できないこともわからないでもない。でもな、もしもお前が先に手を出しているとすれば、お前が最初に軽口を叩いて原因をつくったうえに、先を手を出して怪我をさせたことになるから9対1でお前が悪い。これはわかるな。」

理知的な生徒はこの言葉にうなずきます。それに加えて、次のように言います。

「問題は向こうが先に手を出した場合だ。この場合、お前が相手に怪我をさせたにしてもお互いに手を出してるわけだから喧嘩両成敗だ。でも、この件の原因をつくったのはあくまでお前だ。この場合でも6対4でお前が悪い。先に謝るのはお前のほうだ。違うか？」

教師は生徒に対してこうした場合分けの論理も使いこなせなければなりません。

生徒を説得する10の原則

8 嘘や隠し事を聞き出す

事情を聞いて事実を確認しているときに、生徒が嘘をついたり事実を隠したりするようでは、その後の指導が面倒になります。〈事実確認〉を的確に行うためにも、またその後の指導をスムーズに行うためにも、更には今後同じようなことが起こったときのためにも、そうした嘘や隠し事は個別の〈事実確認〉の時点で明らかにしなければなりません。

「だいたいお前の話はわかった。これからみんなの話と突き合わせるわけだけど、まさか他の生徒のから新たな事実がわかる、なんてことはないだろうな。これで全部だな？」

この「これで全部だな？」と言った瞬間、この一瞬の生徒の表情を見逃さないことです。この瞬間の表情で、だいたい嘘や隠し事がないかどうかということはわかるものです。

「いま言えば怒らないけど、あとで出てきたらただじゃおかないぞ。もう先生方は、お前のことを今後一切信用しなくなるぞ。大丈夫だな？」

嘘をついていたり隠し事がある場合には、だいたいこの時点で出てくるものです。

9 涙が乾くまで人前に出さない

生徒指導中に生徒が泣き出すことがあります。特に、中学一年生ではよく起こります。このとき、涙を流していたり目が潤んでいるままに教室に戻すのは厳禁です。そういう顔を人前に晒させるのは、別の問題を引き起こす可能性があるからです。

例えば、みんなの前に泣き顔を晒すことになってしまい、さらし者にされたという意識を生徒がもったり、その場は大人しくしていた周りの生徒たちが後にその生徒を馬鹿にしたりといったことが起こらないとは限りません。場合によっては保護者クレームにもつながりかねない、大きな対応ミスとさえ評価されかねません。

涙が乾くまでその場に留め置く。必要なら、人目につかない水飲み場で顔を洗わせる。場合によっては、トイレに行かせて鏡で自分の顔を確認させる。ここまでやる必要があります。

「そんな顔でみんなの前に出るな。トイレ行って鏡で確認して来い。」

こう言って、生徒が出てくるまで待つという姿勢が必要です。

生徒を説得する10の原則

10

これまで通りに過ごさせる

これまで生徒指導などほとんどされたことのない、リーダー生徒が指導されることになった、ということがあります。これまで教師との関係が良好で、よく自分になついている生徒が指導されることになった、という場合もあります。

こうした生徒に対しても、ほかの生徒と同じように指導しなければならないことは当然なのですが、この手の生徒にはもう少し気を遣わなければなりません。

「まあ、今回はこういうことになったけれど、お前のこれまでの活躍、功績が消えたわけじゃない。今回のことはよく反省をすることは必要だけれど、今回のことで必要以上に縮こまる必要はない。先生に気を遣う必要もない。これまで通りに過ごしなさい。いいね。」

実は、生徒指導を受けるということには、いわゆる「いい子」ほどショックを受けるという傾向があります。特に女子生徒にはその手のことが「学校に行きたくない」と思わせるほどショックなことになる場合もあるので、こうした配慮を怠らないようにしましょう。

現場に対応する10の原則

私が教師になった九十年代のはじめには、まだ校内暴力の名残がありました。生徒が興奮状態で暴力を振るっているときに教師がどう対応しなければならないのか……ということについて、先輩教師が新卒の私にも機会をみつけてはわかりやすく語って聞かせてくれる、そういう雰囲気がありました。職員室の中に「我々の経験とノウハウを若手に伝えなければ……」という伝承の意識があったのだ、ということです。

しかし、二〇〇〇年頃を境にそうした雰囲気が、急速に職員室から消えていきました。いわゆる呑み会の回数が減り、職員旅行にも人が集まらなくなって中止するところが増え、学校から喫煙ルームが消え、女性部の集いも形式的なものになり……。こうした〈職員室の共同性〉を支えていた裏文化がどんどん縮小されていっていることが一つの要因になっているように思います。かつて、こうした場では、職員会議や校内研

10 rules

①現場対応を原則とする
②大声をあげて応援を呼ぶ
③周りの生徒たちの安全を確保する
④背中から抱えて引き離す
⑤複数の教師で抑える
⑥落ち着かせることを最優先とする
⑦対象生徒を複数の教師で囲む
⑧女性教師の指導場面は見守る
⑨抵抗された場合は深追いしない
⑩沈黙の時間も有効と心得る

修会では決して聞けないような、ものすごい情報が飛び交っていたものです。当時、生徒指導の話というのは、秘密裡に処理しなければならなかったとか、体罰をしてしまったとかいう話も現実的には出てきたわけで、どうしても裏情報として伝承されやすい、という特徴があったのでしょう。

現在、問題行動の現場でどう対応するかという動き方について、二十代、三十代の先生方がほとんど知らないという職員室も出てきています。その現場での対応が後手にまわったために、本来なら避けられた大きなトラブルに発展してしまったという事例も少なくありません。こうしたことはあってはならないことです。

ここでは、すべての教師が知っていなければならないような、問題行動の現場に対応する10原則をご紹介します。

現場に対応する
10の原則

1 現場対応を原則とする

最近、問題行動の現場に遭遇しても、職員室に駆け込んできて「先生方、来てください」と他の先生を呼びに来る教師を見かけるようになってきています。それを聞いて多くの教師が現場に駆けつけても、既に当該生徒はそこにいない、結果、生徒たちを探すことにずいぶんと時間がかかってしまいロスが生まれる、こういう事例です。

基本的に自分一人のときに問題行動を見つけたら、そこから離れてはいけません。もしも自分が他の教師を呼びに現場を離れているうちに、生徒が大怪我をするとか、場合によっては死んでしまうとかいったことになったらどうするのでしょうか。教職に就いた以上、生徒の問題行動の現場に遭遇したら、自分には無理だと思おうが生徒が怖かろうが、その問題行動に対処しなければならないのです。厳しく言うなら、その覚悟のない人は教職に就くべきではありません。

ただし、これは校内での問題行動の場合です。家庭訪問に行く途中に公園で問題行動を見つけたというような場合は、一人で対応するのは危険です。

現場に対応する
10の原則

2

大声をあげて応援を呼ぶ

まず、生徒同士が喧嘩をしているのを発見したとします。二人とも興奮状態です。このときに発見した教師がまずしなければならないことは、大声を出すことです。「何してるんだ～！」とか「やめろ！」とかですね。この声は喧嘩をしている生徒に言っている言葉ですが、それ以上にその階にいる先生方に聞かせる言葉、つまり、応援を呼ぶ声ということになります。ですから、少なくともその階全体に響き渡るくらいの大声でなくては意味がありません。この意味で、教師の職能の一つとして「声が大きいこと」を挙げる人もいるほどです。

場合によっては、その階に教師がいないというような場合もあり得ます。そうした場合には自分は絶対に現場から離れず、近くにいる生徒を伝令にします。その際、「○○先生呼んできて」というような具体的な名前をあげてはいけません。それでは生徒がその先生を探し回り、時間がかかってしまう可能性があります。「だれでもいいから、先生をたくさん呼んできて」と言うのがよいでしょう。しかも複数の生徒に頼むのが理にかなっています。

3 周りの生徒たちの安全を確保する

暴力行為が行われている場合、多くの生徒たちが周りを囲んでそれを見ているというのが一般的です。喧嘩をしている当該生徒は興奮状態ですから、つかみ合ったり殴り合ったりしているうちにけっこうな距離を移動します。また、机や椅子などが倒れることもよくあります。つまり、見ている生徒たちにも危害が及ぶ可能性が高いのです。

その意味で、周りの一般生徒の安全を確保することが大切です。

場所が教室内ならば、廊下に出したり、三メートル以上は当該生徒から離したりといった指示をする。場所が廊下ならば、周りの生徒たちを教室に入れて、戸を閉めてしまうというのが原則でしょう。基本的に二次被害は絶対になくさなくてはなりません。

自分が現場に駆けつけたとき、既に複数の教師が暴力行為に及んでいる当該生徒を止めに入っている場合には、自分はすぐに周りの生徒たちの安全を確保する側にまわりましょう。緊急事態ですから、叱りつけてでもその場から離すことが必要になります。

現場に対応する
10の原則

4

背中から抱えて引き離す

例えば、二人の生徒がかなりの興奮状態で喧嘩をしているとします。教師はその二人を引き離し、喧嘩を止めに入らなければならないわけですが、原則として間に入ることは避けなければなりません。これでは、興奮状態の生徒とまともに対峙することになってしまい、喧嘩を止められたとしても、対教師暴力を誘発しやすくなってしまいます。

喧嘩であれば、凶器をもっている場合には凶器をもっている側の、凶器をもっていない場合には優勢のほうの背中にまわり、脇の下から両手を差し込んで抱えて引き離すようにします。生徒が暴れる場合も多いわけですが、これが最も二人を引き離すことができるとともに、自らも大きな怪我をしない、最善の方法です。

もちろん、当該生徒二人の体が小さく、力も自分のほうが圧倒的に強いと判断され、更に凶器ももっていないと確信できる場合には、二人の間に割って入って構いません。暴力行為の現場を発見したときには、こうした瞬時の判断が求められるわけです。

5

複数の教師で抑える

複数の当該生徒を引き離したうえで、それでも暴れている場合があります。こうした場合は、他の生徒たちに危害が及ばないように教師が制止しなければならないわけですが、できるだけ一人で当たらないようにしなくてはなりません。できれば三人以上の男性教師で、後ろから抱えたり、肩や腕を抑えたりして制止するのがよいでしょう。

ただし、壁に押しつけたり、肩を揺すったりといったことまでしてはいけません。背中から体を抱えたり肩や腕を抑えたりするところまでは、他の生徒たちに危害が及ばないようにする制止の行為ですが、壁に押しつけるとか肩を揺するという行為は教師の意図に基づいた〈主体的な行為〉と見なされる場合があります。即ち、「体罰」と認定される場合があるのです。

こうした場面で教師までもカッとなって興奮するのは厳禁です。こういうときだからこそ、冷静に判断して対処すべきなのです。もしも同僚の先生が壁に押しつけようとしたり肩を揺すろうとしたりした場合には、すぐにその行為を制止してあげましょう。

現場に対応する
10の原則

6

落ち着かせることを最優先とする

興奮状態にある生徒は、他の生徒たちのいない別室に連れて行くのが原則です。周りの生徒たちに危害が及ばないように教室に入れて戸を閉めると前に書きましたが、いつまでもこの状態にしておくわけにはいきません。この状態を長く続けることは、トラブルを起こした生徒のために罪のない一般生徒に損をさせる（日常なら許されている行動を規制する）ことになるからです。これが基本原則といえます。

さて、当該生徒を別室に連れて行ってもまだ興奮しているという場合には、優先順位の第一を〈落ち着かせること〉に置かなければなりません。よく、興奮状態にある生徒の言動を激しい言葉で指導することによって、よけいに生徒を興奮させてしまったという事例を見ますが、これは対応に当たった教師の責任ということになります。生徒が興奮状態にあるわけですから、まだそのような段階ではないのです。ガラスを割るとか物を投げるといった危険な行為をしているのならいざ知らず、その場は二次被害を誘発しないように落ち着かせることが第一義になります。

現場に対応する
10の原則

7

対象生徒を複数の教師で囲む

暴力行為に及んだ生徒を指導する場合、或いは過去に一度でも対教師暴力に及んだことのある生徒を指導する場合には、複数の教師で指導に当たることを原則とします。これは〈事実確認〉や〈担任による説諭〉の場面でもこの体制を組むことを原則とします。

対教師暴力は多くの場合、教師と生徒とが一対一で対峙しているときに起こります。教師が複数人いるというだけで、対教師暴力の抑止力になるのです。

こうした考え方は教師の身を守ることだけを念頭に置いているようですが、決してそうではありません。本章第一節（74頁）で「生徒指導は〈予防〉を基本とする」と述べましたが、こうした場面で教師側が隙を見せることなく常に複数であたったり、激しい叱責や怒鳴ることを避けたりして無用な挑発をしないよう気をつけたりということは、ある種の生徒指導事案の〈予防〉でもあるのです。特に、学級担任が女性であったり若い教師であったりする場合には、特に複数であたることが必要になります。

現場に対応する10の原則

8 女性教師の指導場面は見守る

九十年代半ばに栃木県黒磯市（当時）で、女性教諭が中学一年男子生徒に刃物で刺し殺されるという事件がありました。衝撃的な事件だったので、おそらく記憶に残っている読者も多いことと思いますが、女性教諭が一対一で男子生徒の指導にあたることの危険性を、私たちはこの事件の教訓として受け取らなければならないと感じます。

さて、女性教師ばかりでなく、（少々言葉は悪いですが）弱そうに見える男性教師や新卒間もない若手の男性教師が厳しめの指導にあたる場合にも、同じように男子生徒に抵抗されたり反抗されたりする危険性が高いということがいえます。しかし、だからといってそうした先生方に指導をさせない、というわけにもいきません。

私は廊下で女性教師が男子生徒に厳しめの指導をしているのを見かけた場合には、生徒の視野に入るように、それでいて少し離れて見守るようにしています。すぐ近くに堀先生もいるんだよ、ということを知らせることで、抵抗や反抗の抑止力にしようというわけです。

現場に対応する10の原則

9 抵抗された場合は深追いしない

まれに、現場を押さえても「やっていない」と認めない生徒がいます。例えば、喫煙場面を押さえたというのに、すぐに煙草を捨て、やっていないと言い張るような場合です。こうしたとき、ポケットに煙草やライターが入っていれば、そのまま観念する場合も多いのですが、そうでない場合には一対一で「見た」と「やってない」の応酬になって埒があかないこともあります。

一人でそうした現場を見つけて、「やっていない」とその生徒が言い張った場合、一人でポケット等の持ち物検査をしたりするのは避けたほうがよいでしょう。出てこなかった場合には、大きな問題に発展することが予想されるからです。

こうした場合には、「それじゃあ、事情を聞かせてもらうよ」ということで、職員室に連れて行くか電話をかけて応援を呼び、複数であたる体制を組むのが現実的です。もしも職員室に入ること自体に抵抗された場合には深追いせず、すぐに学年・生徒指導部に報告して指示を仰ぐのがよいでしょう。一人で深追いすることはいろいろな意味で危険を伴います。

現場に対応する10の原則

10 沈黙の時間も有効と心得る

生徒の問題行動の現場をおさえ、なんとか落ち着かせて事情を聞くというとき、生徒が沈黙してほとんど何もしゃべらない、という場合があります。こうした場合、多くの教師がだんまりを決め込む生徒の態度を不遜と感じ、「どう思ってるんだ」「なぜやった」とどんどん追い込んでいこうとすることが多いように思います。それでも沈黙が続いたときには、次第に教師のほうがイライラしてしまって、烈火のごとく怒鳴り始めるということになりがちです。

ところが、生徒の側から考えてみると、こういう場面は、やっといま興奮状態から少しだけ落ち着いてきて、先生と対面させられている……という状態です。そうそう自分のやったことや、その原因を理路整然と語れるはずもありません。こうした沈黙はだんまりを決め込んでいるというよりも、自分でもどうしていいのかわからないくらいに混乱していて言葉にならない、或いはなんとか頭のなかを整理しようとしている、そんな場合が多いのです。教師は沈黙の時間も有効と心得て、待つことを基本としてどっしりと構えるのが良い対応といえます。

保護者に対応する
10の原則

保護者のクレームが多くなったといわれています。「モンスター・ペアレンツ」という言葉もすっかり定着してしまった感があります。保護者が学校に不信感を抱くこと、教師が保護者に不信感を抱くこと、双方が前提として教育論議が行われる風潮も出てきました。これは学校教育にとって不幸なことです。

八十年代を機に、学校は「サービス業」として認知されるようになりました。つまり、学校は社会に貢献するような市民を育てる場ではなく、生徒・保護者に教育サービスを提供する場として認識されるようになったのです。その傾向は現在に至るまで、どんどん強くなってきているように感じます。こうした世論の傾向が保護者クレームを増やすとともに、ときに「モンスター」と呼ばれるほどの行きすぎた要求をする者まで生み出した、ということなのでしょう。

しかし、学校の本質は決して「サービス業」ではあ

10 rules

①まずは話を聞く
②すぐに対応する
③保護者に沿いながら俯瞰した話をする
④全体のなかでの位置づけの話をする
⑤責任転嫁・権限過少の印象を与えない
⑥保護者のデータを蓄積する
⑦「あずけてください」と言う
⑧立場のある者が出る
⑨学校側全員が同じ方針を語る
⑩学級担任を悪役にしない

りません。社会に有用な市民を育てることを目指す、社会から法的にその必要性を認められた教育機関です。従って、当然のことながら、保護者の要求をなんでもかんでも聞き入れるというわけにはいきません。そうでありながら世論は学校を「サービス業」として認知している、この矛盾を学校教育が引き受けなければならない立場に追い込まれたのです。

ここに現在の保護者対応の難しさがあります。そしてその前線で対応しなければならないのは、言うまでもなく学級担任です。

現在、教師は、「社会的要請」としての規範意識の醸成や学力形成と、「個人的要請」としての様々な教育サービスの提供とを調整しながら仕事を進めなければならない立場にあります。教師に必要とされる対応力が高度になってきているのです。ここではこの観点に従って、保護者対応の10原則を提示します。

保護者に対応する
10の原則

1

まずは話を聞く

私も長く教員をやっていますから、保護者のクレームを受けて深刻な問題になったという同僚をこれまで何人か見たことがあります。中にはその保護者クレームをきっかけに気持ちの糸が切れてしまい、休職せざるを得なかったという方もいらっしゃいました。

そうした教師に特有の特徴はプライドが高く、自分が責められることに耐えられずに、言い訳に走ったり反論したりしていたということです。「私だってちゃんとやってるんですよ」とか「お母さんがそんなふうだから息子さんもそうなんじゃないですか」とか、そういう態度が余計に保護者の方を怒らせ、頑なにさせて、解決する問題も解決させなくしているといった印象でした。

自信をもっている教師ほど、保護者に対しても自分は正しいと主張したくなるものです。しかし、保護者と正面から対峙すると摩擦係数が高くなるばかり。まずは保護者の言い分をしっかりと聞いて、余裕をもって対応することが必要です。多くの場合、教師側がじっくりと保護者の話を聞くという姿勢を示しただけで、深刻な問題にまでは発展しないものなのです。

保護者に対応する
10の原則

2

すぐに対応する

学校でトラブルがあって、当該生徒の保護者に電話連絡しなければならないということがあります。こうした電話連絡は原則として、生徒が帰宅する前にしたほうがよい、といえます。特に、いまひとつ生徒が指導に納得していないとか、ちょっと怒鳴りすぎかなと思われるような指導があったとかいう場合には、保護者への第一報が生徒から入るか教師から入るかということが、クレームになるかならないかを分けることがあります。とにかく、第一報は教師が入れる、というのが原則です。

逆に、「帰り道、うちの子が○○くんに殴られたって言うんですよ」とか「うちの子がいじめられているみたいなんですよ」とかいった電話が保護者からかかってくることもあります。こうした場合にも、「すぐに対応します。○時頃までに経過をお電話いたします」と応えるのが原則です。対象生徒が帰宅したあとだったり、夜遅かったりした場合でも、「明日の朝すぐに対応して、○時頃まではお電話いたします」と、保護者に見通しの見える形で応えるのが原則です。

保護者に対応する
10の原則

3

保護者に沿いながら俯瞰した話をする

どんな保護者も我が子のことを最優先で考えます。トラブルになった相手の子よりも我が子のほうが悪いなんて考えません。だれかといっしょに何かをして指導されれば、我が子はもう一人の子に誘われたのだと思います。保護者がこうした思考をするのは普通のことです。もっといえば、当たり前のことです。それが親なのですから。ためしに、自分の両親を思い浮かべてみましょう。きっとあなたのご両親も同じだったはずです。教師はまず、こういう認識をもちましょう。

この認識をもったうえで、今回のトラブルを俯瞰した地点から説明するのです。ただ俯瞰した話をしてはいけません。あくまでも保護者の心情に沿いながら俯瞰した話をするのです。保護者の心情に沿うという感覚を教師がもっていたならば、例えば、起こった事実を説明するのにも、「ぼくも残念に感じたんですけれども」とか「残念ながら、○○くんが～したことは事実のようです」とか「本人もこの点は深く反省しているところなんですが」といった情意表現が教師の語りのなかに自然に入ってきます。保護者と接するうえで、これがとても大切なことです。

保護者に対応する10の原則

4 全体のなかでの位置づけの話をする

暴力行為や授業妨害を頻繁に行う生徒に対して、保護者を呼び、今後周りに迷惑をかけないとの約束をとりつけたり、一定期間の別室指導を提案したりするわけですが、こうした学校側の提案に保護者がなかなか納得しないということがよくあります。こうしたやりとりは往々にして、学校側は生徒指導会議の末に出した結論をただ押し通そうとし、保護者の側は我が子が可愛そう、学校は我が子を排除しようとしているという印象をもっている、という場合が多いようです。

こうした段階に至る以前の、一回一回のトラブルで保護者と面談した際に、暴力を振るった相手の生徒との問題だけでなく、その現場となった一般生徒にどれだけの迷惑がかかったか、そのやりとりのために心ならずも自習とせざるを得なかった授業がどれだけあったか、一般生徒の保護者からどのようなクレームが入っているか、といった全体像を示し続けることが重要です。そのうえで本人のために何が必要なのかということを話し合う、という姿勢が必要なのです。この提示の順番を絶対に間違えてはいけません。

保護者に対応する
10の原則

5
責任転嫁・権限過少の印象を与えない

例えば、担任している生徒に対して、学級担任としても納得できないような指導方針が学年や生徒指導部、管理職からなされたとします。或いは例えば、他学年とのトラブル事案において、学年として納得できないような判断が生徒指導部や管理職からなされたとします。こうした場合、生徒や保護者も納得できないという場合が多いものですから、学級担任や学年主任が矢面に立たされることがあり得ます。

このときに、「上に聞いてください」とか「ぼくの判断ではありません」とか「ぼくも納得できていません」といった言葉は厳禁です。感情にまかせてこういう言葉を吐けば、自分の気持ちは一時的にすっきりするかもしれませんが、生徒指導としては混乱していきます。生徒・保護者に同情を示しながらも「これが妥当な判断である」と伝えなければなりません。

逆に、「力が及ばなくてすみません」といったタイプの言葉も厳禁です。生徒・保護者から見れば、自分もまた、その判断を下した側の一人なのだという認識をしっかりともちましょう。

保護者に対応する
10の原則

6 保護者のデータを蓄積する

生徒とのやりとりばかりでなく、保護者とのやりとりも記録をとっておくことが必要です。問題傾向生徒の保護者への電話連絡を記録にとっておくことはもちろんですが、一度でもネガティヴな対応をされたことのある保護者については、細かな情報を共有しておくことが必要です。

例えば、生徒が怪我をしたときに、保護者の職場に連絡をいれたとします。その際、「その程度のことで職場まで連絡しないでほしい」と言われたとします。保護者連絡は必ずしも学級担任がするとは限りませんから、こうした情報は共有化されていることが望ましいということです。

とは言っても、こんな小さな情報を学年会議や職員会議で共有するということもできません。だれもが電話連絡するときに用いる電話番号簿（私の経験では、四月に集める家庭環境調査票である場合が多いように思います）に、職場の電話番号が書かれている横に「そんなこと（軽い怪我）で職場に電話してくるなと言われたことあり」と朱書きしておくのです。電話しようとしている先生はこれを見て、対策を講じたり管理職に相談したりするはずです。

保護者に対応する
10の原則

7

「あずけてください」と言う

保護者からその場では応えられないような質問とかクレームが出ることがあります。自分自身がその件をよく把握していない、しかもその把握は一朝一夕にはいかない、そうした場合です。

私が学年主任をしていたときに、ある学級のある教科の授業が崩れているのではないかという指摘を保護者の方がされたことがありました。私はその時点で実態をしっかりとは把握していませんでした。そこで、「大変申し訳ないのですが、正直に申しまして私どもはその実態を把握しておりません。明日から直ちに実態把握に努め、問題点を明らかにしたうえで対策を講じますので、この問題、私どもにあずけていただけないでしょうか。後日、タイミングを見て間違いなくご報告いたしますので。」と応えました。例えば、こうした場合です。

こうした応え方をすると、一週間から一ヶ月程度の猶予を得ることができます。この期間でなんとか立て直しを図ります。もちろん、「あずけてください」と言ったからには、本気でその問題に取り組み、成果を挙げなければならないことは言うまでもありません。

保護者に対応する10の原則

8

立場のある者が出る

教員世界は昔から「鍋ぶた組織」といわれ、校長とか教頭とかいった地位自体に敬意を払うという文化があまりありません。主幹とか教務主任とか学年主任といった役職はあっても、目に見えた上下関係は見られないのが一般的です。生徒一人ひとりのことを最もよく知り最も考えているのは学級担任である、という教員世界の現実がこのような感覚をつくり出しています。

しかし、それはあくまで職員室内部の感覚。主任にしろ主幹にしろ管理職にしろ、保護者から見ればこうした地位は間違いなく責任の重さ、立場が上位であることを表しています。従って、役職が高くなればなるほど、その言葉も重みをもちます。学級担任の段階で、生徒指導担当の段階で、保護者対応がいまひとつしっくりいかないという場合には、一人で悩まずに学年主任や生徒指導主事、管理職に相談して、いっしょに対応してもらうようにしましょう。

逆にいえば、自分が学年主任や生徒指導主事になった場合には、他の先生方のフォローもしなければならないという心構えをきちんともって、軽々しい言動は慎まなくてはなりません。

9 学校側全員が同じ方針を語る

教師という職業は若いうちから一国一城の主になれるまれな職業です。その分、一人で突っ走りやすい職業でもあります。保護者対応にも同じ傾向が見られます。学級懇談会や個人面談、学級通信などを工夫することによって、学級担任として保護者からの信頼を得ることができます。保護者対応においても最前線にいるのは学級担任ですから、関係がうまくいっているときには一人で走っていたとしてもほとんど困ることはありません。しかし、問題はひとたびつまずいて、うまくいかなくなったときです。一人で走っている学級担任が保護者対応でつまずくと、なかなか修復するのが容易ではありません。

実は保護者から見ると、最も信頼がおける学校というのは、学級担任・学年主任・生徒指導担当・管理職と、だれと話しても同じ方針が語られる学校です。「ああ、うちの子のことをちゃんとみんなで見てくれているんだ」と安心できる学校です。こうした組織が同一歩調をとることによって与えられる安心感を軽視してはいけません。

保護者に対応する
10の原則

10

学級担任を悪役にしない

これは学年主任や生徒指導担当になったときのことですが、生徒指導に組織的にあたるうえで「学級担任を悪役にせず、自分が悪役を買って出る」という心構えをもつことが必要です。特に大きな問題を起こす生徒とその保護者、クレーム頻度の高い保護者についてはこの方針を徹底する必要があります。

こうしたタイプの生徒・保護者と学級担任の関係がうまくいかなくなった場合、その学級に計り知れない悪影響を及ぼします。学級担任がその生徒や保護者に気を遣いすぎるために、無意識のうちに学級全体への指導が引き気味になってしまうのです。そういうスタンスが形成されてしまうと、みるみるうちに学級は崩れていきます。

私は学年主任や生徒指導主事、生徒指導担当教諭の最も大切な仕事はこれだと思っています。特に若い学級担任が問題傾向生徒をもっている場合には、学年体制として、場合によっては学校体制として、明確にこの方針をもつ必要があります。

年度当初に徹底する
10の原則

　学級経営にしても生徒指導にしても、その一年間の成否は九割方、年度当初によって決まります。若い先生の学級が荒れたり、年度途中から生徒が言うことを聞かなくなったりするのは、実は年度当初に問題があったといっても過言ではありません。
　学級経営において野中信行先生が「3・7・30の法則」を提唱されました。それまでの学級開きの提案が、授業を中心に「子どもたちを教師に引きつける」タイプの提案であったのに対し、野中先生のそれは生徒指導・生活指導を念頭に置いたシステムづくりの提案であったところが画期的でした。中学校の生徒指導の根幹も、学級経営です。各学級が年度当初にスムーズに安定的な学級運営のシステムを敷くことができれば、一年間、その学年はまず間違いなく安定した学年運営を行うことができます。その意味で、野中先生の「3・7・30の法則」は、年度当初の生徒指導原理とし

10 rules

①学年団のメンバーを見極める
②指導手法のディテールを決める
③最大限の丁寧さが必要と心得る
④最初の三日間で心理的距離を縮める
⑤最初の一週間でシステムを構築する
⑥最初の一ヶ月でシステムを定着させる
⑦最初の三ヶ月で授業システムを構築する
⑧二週間以内に全員と面談する
⑨こまめに保護者に連絡する
⑩どんな小さな案件にも原則を通す

ても的を射ているといえるでしょう。

ただし、小学校教師である野中先生の提案を中学校に持ち込むには、二つだけ意識しなければならないことがあります。第一に、中学校は教科担任制なので、野中提案に必然的に前提となっている〈授業と学級経営の一体化〉という発想を、〈学級システスム〉と〈授業システム〉とに分離して考えなければならない、ということです。第二に、中学校教育はすべての教育活動を、学級単位で考えるよりも学年単位で発想するほうが機能的であるという特徴がありますから、常に学級経営システムを学年経営システムとリンクさせて考えなければならない、ということです。

ここではこの二つの視点を意識しながら、年度当初の各学級のシステムづくりと学年のシステムづくりとをどうリンクさせていくかについての10原則を紹介します。

年度当初に徹底する
10の原則

1

学年団のメンバーを見極める

四月に校内人事が発表されて学年団が決定した時点で、このメンバーだとどういう学年運営がなされるだろうか……と、一度、しっかりと考えてみることをお勧めします。いっしょに学年を組む先生方のこれまでの学級経営や生徒指導を思い浮かべて、この一年間をイメージしてみるのです。特に学年主任はどういう人か、学年の生徒指導を統括する人はどういう人か、だれがどんな指導を得意としているか、だれがどんな行事を得意としているか……などなど。

これをしておくと、「この人の生徒指導場面にはできるだけ張り付いて学ぼう」とか、「忙しくなる前にこの人から合唱コンクールの指導方法を飲み会で聞きたいな」とか、こうしたことがどんどん浮かんでくるはずです。

それと同時に、服装・頭髪・時間意識等はどのくらいのきつさで運営されるのか、生徒たちとの距離感覚はどのくらいで運営されるのか、この学年団メンバーからいって自分の役割は何なのか、こうしたことが次々に予測されてくるものです。

年度当初に徹底する10の原則

2 指導手法のディテールを決める

年度当初に学年団で最初にしなければならないことは、〈指導手法のディテールを決める〉ということです。いわゆる〈指導ラインを決める〉ではありません。それは生徒指導部から出てきているはずです。〈ライン〉ではなく、〈手法のディテール〉を決めるのです。

例えば、「チャイムの二分前に教室に入れて授業の準備をさせる」というのは〈指導ライン〉です。では、これを実現するために、教師が二分前になったら「時間だよ～」などと言って入れるのでしょうか。それとも学年集会等で全体に周知して生徒たちが自発的に入るようにしつけるのでしょうか。この二つでは前提となっている思想が異なります。こういうレベルを一致させることが大切なのです。

次年度の学級編制が予定されている場合には、できれば各学級に敷くシステム（日直・学級組織・給食・清掃・席替え・座席配置など）も一致させられると、次年度、年度当初の混乱を最小限にできます。こうした〈指導手法のディテール〉をよく検討することが大切なのです。

年度当初に徹底する10の原則

3 最大限の丁寧さが必要と心得る

新しい学級をもったり、新しい学年に配属されたりした場合、四～五月の二ヶ月間くらいは、自分の出来うる限りの丁寧さをもって生徒・保護者に接するという意識が必要です。私がこうしたことを強調するのは、長年教師をやっていて、保護者のクレームの多くが年度当初のボタンのかけちがいを要因としている、という認識をもっているからです。例えば、ほんの冗談のつもりで担任が何気なく口にした言葉に生徒が思いのほか傷ついてしまったとか、かつて担任していた生徒の弟をもったので「お兄ちゃんと違って○○だね」と言ったところ、「兄弟で比べられた」とショックを受けたとか、こういったことが多いのです。どちらも教師としてはそれほど意識せずに親しみを込めて言ったつもりが、生徒は深刻に受け止めてしまったという事例です。

特に、一年生を担当したときの年度当初は、言葉の端々に至るまで徹底的に配慮する必要があります。三年生を卒業させた直後に一年生を担当するというような場合には、教師の言動もなんとなく三年生用になったまま……ということがあるので気をつけましょう。

年度当初に徹底する10の原則

4 最初の三日間で心理的距離を縮める

最近は、学級経営においても生徒指導においても、若い先生は生徒になめられないようにと厳しく接しようとする先生がかつてに比べて増えてきているように思います。しかし、基本的にこれは間違っています。

最初の出逢いに必要なのは、〈優しさ〉と〈楽しさ〉、そして〈丁寧さ〉です。まずは優しく丁寧に接する、できれば楽しい話をいっぱいする、そうしたなかで「ああ、今年の一年もなんとかやっていけそうだな」とか「ああ、今年はこれまで以上に楽しい一年になりそうだ」とかいった印象を生徒たちに抱いてもらう、年度当初はここから始めるべきなのです。生徒たちが学級や学年に対してこういうポジティヴな印象を抱いたほうが、様々な年度当初の指導、様々な学校生活のシステムづくりがスムーズにいくものです。

命に関わるような大きな出来事、あまりにも目に余る校則違反などがない限りは、学級担任も学年所属の教師もニコニコしながら生徒たちに接するのが原則でしょう。

5 最初の一週間でシステムを構築する

楽しく学級開き、学年開きを行うといっても、それは〈ゆるめる〉こととは違います。特に各学級における運営のシステム、具体的には日直・学級組織づくり・給食当番・清掃当番・席替えなどはかなり細かなところまでしっかりと指導することが必要です。要するに、怖い表情やきつい言葉で指導することによって生徒たちを統率しようとするのではなく、学校生活にシステムを構築することによって生徒たちを統括するというイメージです。

学級や学年がシステムによって動いているということは、生徒たちにも次に何をすればよいのか、何をしてはいけないのかということがわかる、つまり、「見通しがもてる」ということです。逆にシステムがなく、教師が一つひとつ指導するということは、生徒たちにとっては教師の顔色をうかがいながら過ごさなければならないことを意味します。実は、学級や学年がシステマティックに動いているということは、生徒にとって安心感を抱かせるのです。学級経営の細かなシステムについては拙著『学級経営10の原理・100の原則』（学事出版）をご参照ください。

年度当初に徹底する10の原則

6 最初の一ヶ月でシステムを定着させる

多くの学級担任がシステムは敷くのですが、それを定着させることを怠っている傾向があります。怠っているというよりは、「定着させなければならない」という意識がないのです。

例えば、清掃当番を例に考えてみましょう。四月の第一週、学活の時間に学級担任は生徒たちに清掃の仕方を説明します。しかし、四月当初の指導らしい指導はそれだけ……という担任が多いのではないでしょうか。その結果、二、三週間は生徒たちも言われたとおりにやっていますが、五月下旬から六月下旬になると、さぼる者や箒をもっておしゃべりばかりしている者が出てきます。その頃から、清掃時間は担任が声を張り上げる時間と化します。生徒たちは担任に対して「口うるさくなったなあ」という印象を抱き、担任はどんどん疲弊するということになります。

実はこのような現象は、学級担任が年度当初に定着させることを怠ったことによります。第一週に清掃の仕方を教えたら、その後一ヶ月程度は教えたとおりにできているか否かを徹底してチェックしなければならないのです。すべてのシステムは、定着に一ヶ月かかると心得ましょう。

7 最初の三ヶ月で授業システムを構築する

意外と意識されていませんが、生徒たちが荒れ始める最初の場は授業です。いわゆる弱い教科担任の授業から荒れ始めます。ですから、授業においてもシステムを敷くことが重要です。

野中信行先生は「3・7・30の法則」において、システムの定着に30日という目処を示しました。しかし、中学校では、学級のシステムは30日で定着しますが、授業のシステムが定着するのには約三ヶ月かかります。要するに、一学期間ずっと、ということですね。学級システムは毎日機能させますが、授業システムは多くて週三回ですから、当たり前といえば当たり前の話です。

一学期には発言の仕方、話し合いの仕方、ノートの取り方、調べ学習の仕方、道具の使い方・しまい方等々、かなり丁寧に説明して、かなりしつこくチェックすることが必要です。また、できれば一学期はどんな低学力生徒でも取り組めるような授業内容を中心にして、意欲を切らさないようにすることも大切です。授業に対する意欲を失った生徒から荒れていく、というのが中学校の現実なのですから。

年度当初に徹底する10の原則

8 二週間以内に全員と面談する

学級担任をもったら、学級開きから二週間以内に必ず一人ひとりと面談するようにしましょう。二週間というのは40人学級という最大人数の目処です。もっと人数が少ない場合には、本当は一週間以内と言いたいくらいです。それだけこの取り組みは急ぐ、ということです。一人ひとりにそれほど時間をかける必要はありません。一人あたり五分から多くて八分くらいで構いません。

内容は以下の点です。①新しい学級の印象はどうか、②いま何か不安や困っていることはないか、③一日にどのくらいの学習時間があるか、④塾や習い事は何をやっていて、それは何曜日の何時から何時までか、⑤保護者は毎日、何時頃に帰宅するか、⑥健康上のことで学級担任が知っていなければならない、注意してみなければならないということはないか、⑦この人にいじめられている、この人といっしょにいるのが怖い、という生徒が学級にいないか、という七点です。

もちろん、一番確認したいのは⑦です。生徒が「いる」と答えた場合には、「先生が気をつけて見ているからね」と伝えてあげましょう。それだけで、その後の展開が大きく変わってきます。

9 こまめに保護者に連絡する

面談が終わった生徒から、原則として保護者に電話して一度話してみる、ということをしてはいかがでしょうか。幾つかコツがあります。電話の時間帯は、専業主婦であれば昼間、つまり、生徒が学校に来ている時間にかけます。働いている保護者であれば、面談で聞いた本人が塾や習い事に行っている時間帯に電話をかけます。要するに生徒本人がいない場で行うわけです。

「担任の堀ですけれども、よろしくお願いいたします。」と挨拶したあと、実は○○くんが、△△の時間にこんな良いことをしまして……。」と、まずポジティヴなエピソードを語ります。

次に、「実は、学活で授業の受け方とか家庭学習の仕方の話とかの話をしていたときに、○○くんがちょっと伏し目がちの表情に見えたものですから、ちょっと気になりまして……。お母さんのほうで何か思いあたるようなことはございますでしょうか。」などといった具合で、保護者に多くを語ってもらえるように、そして「この先生は細かいところまで見ているな」と思ってもらえるようにもっていきます。このたった一本の電話の効果にはすさまじいものがあります。

年度当初に徹底する10の原則

10

どんな小さな案件にも原則を通す

年度当初、具体的には四月・五月は、どんなに小さなトラブルであっても、指導の段取りの原則を通すことが大切です。つまり、①関係生徒を個別に呼び、②事実を確認して全体像を明らかにして、③全体像を共有化し、④関係生徒を指導し、⑤全体像に沿った指導方針を固め、⑥保護者連絡をする、という六段階です。小さな喧嘩やからかい、いじめはもちろん、アメ・ガムの校内での飲食、香水の使用といったレベルのことでも、こうした段取りを踏むのです。

一つは加害生徒が教師団の姿勢をなめなくなるということです。特に、一年生ではこういう段取りをしっかりと踏んで、小学校とは違うのだと印象づけることが大切です。長い時間をかけて落ち着いた口調で事情を確認されることや、自分の嘘がほかの人の証言でばれてしまうといった経験をすることは、実は、激しく叱責されたり、怒鳴られたりするよりも、生徒たちにとってはずっと大きくこたえるものです。もう一つは被害生徒・保護者が詳しい指導内容の報告によって学校を信頼するようになるということです。この二つがその後の一年間を大きく変えるのです。

……自分の現状を知る

10の原則

教師が生徒とかかわっていくうえで、だれもが「自分のやっていることは間違っていないのだろうか」と立ち止まることがあります。同僚との関係に思いを馳せて、「自分はみんなに迷惑をかけていないだろうか」と不安になることもあります。自分のやっていることは絶対に正しいと過信することも問題ですが、自分に自信をもてずに萎縮してしまうことはもっと問題だといえるでしょう。

教師にとって、最も必要な資質を一つ挙げろと言われれば、私は迷うことなくこれを挙げます。

自信をもって、いつも笑顔で生徒たちの前に立つこと

もう少し詳しくいえば、ブレず、迷わず、いつも上機嫌で生徒たちの近くで見守っていることです。これにまさる教育効果はありません。もちろん人間ですから、ブレることもあれば迷うこともあります。いつも上機嫌というわけにもいかないのが現実でしょう。し

10 rules

①生徒は自分に寄ってくるか
②目があったとき生徒が微笑むか
③生徒の小さな変化の理由を考えられるか
④生徒の裏情報を握っているか
⑤生徒に身につけさせたい力が明確か
⑥次の手立てを考えているか
⑦保護者と密に連絡をとっているか
⑧授業中に笑いはあるか
⑨授業づくりは楽しいか
⑩自分のキャラクターは機能しているか

かしそれでも、そういう内面を少なくとも生徒たちの前では表情に出さない、「これはこうだ」と言い切ってあげる、「きみは間違っていない」と言い切ってあげる、そういう大人が近くにいることで、生徒たちは安心して学校生活を送ることができるのです。

ここでは、教師としての自分の仕事がうまくいっているか、独り善がりでなくちゃんと教師としての自分が機能しているか、それを測る10の視点を紹介します。常にこの10視点を意識し、点検しながら指導にあたっていくことをお勧めします。

なお、ここで紹介する10視点も第2節同様、私が代表を務めるサークル「研究集団ことのは」メンバー、畏友サークル「DNA」のメンバー、「北の教育文化フェスティバル」代表山田洋一氏、畏友大野睦仁氏らとの共同研究の成果であることを付記させていただきます。

自分の現状を知る
10の原則

1

生徒は自分に寄ってくるか

休み時間に学級で教卓に腰かけているとき、あなたの周りには生徒たちが寄ってくるでしょうか。休み時間に廊下で巡視しているとき、あなたの周りには生徒たちが寄ってくるでしょうか。

生活指導担当として常に怖い顔で、生徒たちの規範の象徴となることを役割としているわけでもないのに、生徒たちが寄ってこないとすれば、それは教師としての自分に少々問題があると考えたほうがよいかもしれません。

最近の生徒たちは人なつっこく教師に寄ってくる子たちが少なくありません。それなのに生徒たちが寄ってこないとすれば、少なくとも、いっしょにいて楽しいとか、いっしょにいて安心感が得られるとか、そうしたポジティヴな印象を生徒たちに与えることができていないことは確かです。こんなふうに謙虚に受け止めてみることが大切です。

休み時間に、ちょっと冗談をまじえながら談笑する、教室や廊下で生徒たち数人とちょっとしたゲームに興じてみる、そんなことを一、二週間も意識してやってみることで、すぐに生徒たちのあなたを見る目は変わるものです。

自分の現状を知る
10の原則

2 目があったとき生徒が微笑むか

廊下である生徒と目があったときに、チェッと舌打ちをされたとします。チャイムが鳴りそうなので「急げ〜」と声をかけたら、「わかってるって〜」という面倒そうな声が帰ってきたとします。あなたは一瞬、腹を立てることでしょう。確かにその生徒にも問題はあります。

しかし、こう考えてみましょう。顔を見ただけで舌打ちをされる、小さなことにも「わかってる」と煙たがられる、そういう状況に陥ってしまっている自分にも問題はないでしょうか。そもそもその生徒たちは、すべての教師にそうした反応をしているのでしょうか。あなたは生徒たちとの関係づくりに失敗しているのではないでしょうか。

生徒たちとの関係づくりがうまくいっていれば、あなたと目があったとき、生徒たちは微笑むものです。或いは笑いながら近づいてくるものです。更には近づいてきて話しかけてくるものです。生徒たちと良好な関係ができていれば、生徒たちはほぼ間違いなくそういう反応を示すものです。関係がうまくいっているか否かということは、こういうところでも測れるのです。

自分の現状を知る10の原則

3

生徒の小さな変化の理由を考えられるか

ある生徒に小さな変化が起こったとします。名札にキラキラしたシールがついたとか、蛍光色のペンを胸ポケットに二本さすようになったとか、眼鏡がコンタクトになったとか、眉毛を少しだけいじったとか、そうした小さな変化です。このとき、注意したり声をかけたりするのは良いとして、「この子どうしたのかな」「何かあったかな」と、自分がその行為の理由を考えるようになっているかということが重大です。もしも自分がその理由を何も考えることなく、ただルール違反だから注意するというふうになっているとすれば、それは職業病にかかっています。

こうした理由を考えるようになっているとすれば、それは生徒一人ひとりがどういったものの考え方に基づいて、どのような行動をとる傾向があるのかということについて、自分なりに捉えていることを意味しています。逆に理由を考えなくなっているとすれば、生徒一人ひとりを漠然と眺めていたり、あくまで教師の視点（校則など）のみによって指導していることを意味しています。どちらにしても、教師の生徒の見方としては下策といわざるを得ません。

自分の現状を知る
10の原則

4

生徒の裏情報を握っているか

担任をし始めて数ヶ月も経てば、だれとだれが付き合っているのか、ブログをやっている生徒はだれでどんな内容を綴っているのか、だれとだれが同じ塾や習い事をしていて仲が良いのか、保育園や幼稚園児代からの付き合いで保護者同士が仲が良いのはだれとだれか、こうした情報はできる限り捉えておきたいものです。情報収集にとってこれほど有益なものはありません。

或いは、だれがどのような芸能人のファンで、或いはだれがどんなゲームに凝っていて、どのくらい熱中しているのか、こういう情報もコミュニケーションのネタとして是非ともつかんでおきたい情報です。

教師は年齢が上がってくると、こういうことに無頓着になっていきます。しかし、生徒たちの熱中しているゲームや漫画、テレビ番組に実際に触れてみると、生徒たちの感覚がポジティヴな面にしてもネガティヴな面にしても、いろいろと見えてくるものです。また、生徒たちとの人間関係をつくるうえでも、生徒たちの人間関係を把握するうえでもかなり役立つものです。

自分の現状を知る
10の原則

5

生徒に身につけさせたい力が明確か

自分の学級について、更には生徒一人ひとりについて、「いま、この時期に身につけさせたい力」が自分の中で明確になっているか、こういう課題意識、問題意識を常に抱いていなければなりません。そのためには、二つのことが必要になります。

一つは、三月に学級集団としてどのようになっていてほしいのか、三月にこの生徒にはどのようになっていてほしいのか、そうしたゴールイメージを抱くことです。生徒に「いま、この時期に身につけさせたい力」を明確に意識するためには、ゴールに向けて、いまどのような段階にあるのかということをイメージできなくてはなりません。もう一つは、言うまでもなく、生徒たちの実態を的確につかむことです。それも、できるだけ具体的につかまなければなりません。

「自分にはまだ力量がないから……」と考える必要はありません。何年経験を重ねたって、生徒を見る目に完成型などないのです。常に「いま現在の力量」以上の仕事はできない、その構造はいつまでも続くのです。自分なりの〈現在のベスト〉を尽くし続けることこそが大切です。

自分の現状を知る
10の原則

6
次の手立てを考えているか

生徒たちをしっかりと観察し、一年間の見通しをもつことができたならば、いま打っている手立ての〈次の手立て〉が常に意識されてくるようになります。これもまた難しく考える必要はありません。自分なりの〈現在のベスト〉で構いませんから、常に〈次の手立て〉を意識しながら「いま」に取り組む、という姿勢を意識しましょう。

実は多くの教師はこれが意識されていないから、「いま」ばかりにとらわれ、「いま」の苦しみに絶望的な気分になってしまうのです。そしてそれは、力量がないとか、メンタルが弱いとかいうことよりも、心構えができていないということが大きいのです。

〈次の手立て〉を考えずに〈いまの手立て〉を打っているとしたら、それは「その日暮らし」と揶揄されても致し方ありません。生徒たちを育てるとか、学級経営のシステムを敷くとかいうことは、今後の見通しをもって取り組むことに他なりません。教師の力量とは、どれだけ見通しをもてるかということと同義だと言っても過言ではないのです。

自分の現状を知る
10の原則

7

保護者と密に連絡をとっているか

問題傾向生徒や不登校傾向生徒、特別な支援を要する生徒、こうした生徒たちの保護者とどのくらいの頻度で連絡を取り合っているかということも、自らの現状を知るうえで重要なファクターです。

人間は無意識のうちに、なんとなくうまくいっていないことについては避けてしまうものです。もしも最近、○○くんのお母さんと連絡を取り合っていないなあ……ということが思い浮かぶとしたら、その生徒との関係がうまくいっていなかったり、その生徒への指導がうまくいっていなかったりしている場合が多いものです。いかがでしょうか。例えば不登校生徒の保護者への連絡がなんとなく二週間に一度とか月に一度とかの定期的な連絡だけになっていませんか。なかなか都合がつかないと言いながら、プリントを届けるだけの数ヶ月を過ごしていませんか。なんとなくうまくいかないなあ……と感じたら、まず本人と話をしてみる、そして保護者と連絡をとってみる、こちらが積極的にならないと物事は動き始めてはくれないのです。

自分の現状を知る
10の原則

8

授業中に笑いはあるか

生徒指導は、決して授業から独立してあるものではありません。自分の授業中に妙に生徒たちがシーンとしていたり、自分が授業中に言った冗談が生徒たちにスルーされたりといったことがあるとすれば、いま、自分の生徒たちへの接し方はうまくいっていないと認識するべきです。

仲の良い同僚や学生時代以来の友人との関係を思い浮かべてみましょう。良好な関係を築いている間柄では、人は必ず明るい表情でいるものです。教科の授業のみならず、担任をもっていれば学活や道徳、総合においても、生徒たちがどれだけ笑うかということに注目しましょう。

さて、授業中に笑いがない、と思い至ったとしましょう。そういう場合、笑わせるためにやたらと冗談を言う授業に切り替えるとか、授業でのしつけをゆるめ始めるとか、そうしたシステム崩壊につながる手立てをとってはいけません。そうした場合にとるべき手立てとして最も効果的なのは、毎時間、五分から十分程度の小集団学習を導入することです。小集団学習中に机間巡視をしていれば、自然に生徒たちと会話する機会は増えていき、関係も好転していくものです。

自分の現状を知る
10の原則

9

授業づくりは楽しいか

毎日の教材研究や授業づくりが「明日の授業時間をなんとか乗り切る」ための〈こなす授業づくり〉になっていませんか？　これは、自分の現在の仕事がうまく機能しているかどうかを測るうえで、大切な基準になるのでよく覚えておきましょう。

生徒たちとの関係がうまくいっていて、自分の目指す教育活動がうまくいっている場合には、「この教材、どうやったら生徒たちが喜ぶかなあ……」と、ポジティヴな発想で授業づくりに取り組むものです。反対にうまくいっていない場合には、「最初の五分でこれやって、次に十五分間これやって、このプリントやるのに二十分、答え合わせで十分だな……」といった感じで、時間合わせになりがちです。同僚の先生方を見ていると、うまくいっていないときには、なんとなくプリントやワークブック、小テスト等が多くなる傾向もあるように感じます。

授業づくりにおいて、自分にこういう傾向が見られ始めたら危険信号です。そうした時間合わせ授業に走り始めているあなたの傾向を、生徒たちはちゃんと見破っているものですから。

自分の現状を知る
10の原則

10 自分のキャラクターは機能しているか

常に自分自身のキャラクターが学年団や職員室で有効に機能しているか、ということを意識するとよいでしょう。

教師はいま、〈チーム〉で仕事をする時代です。学年団が結成された当初に少々ぎくしゃくするのは仕方ありませんが、六月頃になってまでいまだに遠慮し合っていたり、「さあ、やろう！」というときに乗り切れなかったりするのでは、それはまずい状況です。学年団のなかで自らのキャラクターがプラスになっているかとか、自分のキャラクターと他の先生のキャラクターとがうまくからんでいるかとか、このような視点で「自分の所属するチーム」の現状と「チームのなかの自分」の現状とを、日常的に意識することが大切です。

本節の冒頭にも書きましたが、教師にとって最も大切なことは〈自信をもって、いつも笑顔で生徒たちの前に立つこと〉です。それは同時に、生徒たちから見て、学校の先生方が自分たちの周りでいつも仲良さそうに笑い合っている、ということでもあるのです。

自らの身を守る10の原則

主宰している研究会で先生方の悩み事相談会のようなことを年に数回行います。そうした場で先生方から出される「最も困っていること」は、よく言われるような「忙しすぎること」でもなければ、「生徒・保護者のこと」でもありません。一番多く出される悩みは他を圧倒して「同僚との人間関係」です。中でも、生徒指導に関する考え方の違いが大きな要因になることが多いようです。

私はいつも次のように応えることにしています。

まず、五年後の自分を考えてみましょう。五年後も自分は教員として働いています。いまの自分よりは、教師として少しだけ成長しています。そんな五年後の自分です。さあ、その五年後の自分は、いまの自分の苦しみをどう感じているでしょうか。きっとやんちゃな生徒をもったあの苦しみは、保護者の執拗なクレームに悩まされたあの月日は、同僚と上手くいかなくて

10 rules

①報・連・相を徹底する
②可愛がられるキャラを目指す
③同僚とは絶対に喧嘩しない
④謝罪で済むなら安いものである
⑤戦略的にイエスマンになる
⑥指導ラインは周りにあわせる
⑦他の生徒の悪口は絶対に言わない
⑧男性教師は女子生徒と二人きりにならない
⑨養護教諭・学校職員との関係を築く
⑩死ぬくらいなら逃げる

「やってられないや」と感じたあの一年は、いまの自分にとって必要な経験だった、そう感じているのではないでしょうか。

これまでだって、いくつも、「人生の危機」と感じられたことはたくさんあったのではありませんか。ママに叱られたとき、あの娘に振られたとき、大学や教採に落ちたとき、祖父母が亡くなったとき、確かに世界は絶望的に見えました。でも、ちゃんと乗り切ってきたではありませんか。いまの出来事も絶望的だなんて思わないで、五年後の自分が振り返るときの良い経験にしようではありませんか。そう考えて、もう少し頑張ってみませんか……。

それでもダメだ、絶望的だというのであれば、逃げればいい。こだわりを捨てて流されてみる、恥も外聞も捨てて逃げてみる、そういうことだって、長い目で見れば経験なのです。

自らの身を守る
10の原則

1

報・連・相を徹底する

俗に言う「ホウレンソウ」を徹底することが必要です。学校も組織だから……という理由もありますが、本音では「自分の身を守るため」という理由が大きいのです。

中でも最も大切なのは「報告」です。学年主任に報告する、生徒指導主事に報告する、管理職に報告する、上司に報告した途端にその上司はその件に関して、あなたとの共同責任者になります。「叱られるんじゃないか」と思われる事案であっても、自分の手に負えないと思ったらすぐに報告してしまって、共同責任者をつくってしまって楽になりましょう。生徒指導がうまくいかなかった、保護者からクレームをつけられた、そんな気はなかったのだが生徒から体罰だと言われた、とにかく学校の公的な業務で起こった事案についてはどんなにネガティヴなことであっても報告しましょう。たいていの場合は助けてもらえます。

自分一人で陰で動こうなどとは絶対に考えてはいけません。それが失敗したときには、だれにも助けてもらえなくなります。人間関係とはそういうものなのです。

自らの身を守る
10の原則

2

可愛がられるキャラを目指す

四月、先輩教師たちが職場の新卒三人を連れてカラオケに行ったとしましょう。

先輩教師が酔って、「よーし、新卒、順番に歌え～」と強制したとします。新卒Ａは「ぼく、歌えないんですよ。歌は絶対に歌いません」と言って拒否したとします。新卒Ｂは「はい、わかりました」とビブラートをきかせて、美声を響かせたとします。拍手も大きく、先輩教師も感心の表情です。新卒Ｃは「ぼく、筋金入りの音痴なんですよ～」と言って、音程を外した、それはもう下手くそな歌を笑顔で披露したとします。もう先輩たちは大笑い。

さて、この三人の新卒のなかで、今後、先輩教師たちに最も可愛がられるのは誰でしょうか。間違いなく、Ｃくんです。人は決して、完璧に仕事をこなす人が好きなのではありません。不完全でいい、多少の迷惑をかけられたって構わない、そんなことよりも、壁をつくらない、多少の恥をかくことならものともしない、自分を落として笑いを取り合う、そんな人間関係にこそ仲間意識を抱くものなのです。若いうちは可愛がられることが必要です。

自らの身を守る
10の原則

3

同僚とは絶対に喧嘩しない

相手がどんな人であっても、同僚と表立っての喧嘩は絶対に避けましょう。社会人同士で一度でも表立った喧嘩をすると、関係の修復は一生不可能です。その職場にいる限りいやな思いをし続けることになります。十年後に、また転勤先でいっしょの学校になるかもしれません。悪い噂を振りまかれる可能性もあります。今後の教師生活に様々な悪影響を与えかねないのです。

自らの身を守る
10の原則

4

謝罪で済むなら安いものである

それでも喧嘩してしまった、或いは心ならずも同僚とトラブルになってしまった、そういうことがあったら、つまらないプライドは捨てて、さっさと謝ってしまいましょう。謝るのはただです。ただどころか、まわりまわって益になることさえ少なくありません。より大人の対応をした側が勝利する……そういう法則がこの国にはあります。肝に銘じましょう。

自らの身を守る
10の原則

5

戦略的にイエスマンになる

自分なりのこだわりをもつことは大切なことです。管理職や周りの先生方の反対にあっても貫きたい理想とか、どうしてもこだわりたい生徒指導の手法、学級経営の在り方というものもあるかもしれません。しかし、そのすべてで自分の我を通そうとするのは無理というものです。

私は教職二十年以上になりますが、いまでも職員室で我を通して思い通りにすることは年に一つだけと決めています。ただし、その一つは徹底的にねばって絶対に貫き通す、そういうスタンスです。このスタンスをとり始めて十年以上が経ちますが、年に一つのこだわりについては、自分の我を通せなかったことはただの一度もありません。しかし、これには秘密があります。そのたった一つのこだわりを通すために、他のものはすべて譲ったり妥協したりしているのです。つまり、自分の中の優先順位の一番のために、他のすべてを犠牲にしている、ということです。他で譲っているからこそ、他では折り合いをつけているからこそ、そのたった一つのこだわりを通せるのだと思っています。実は戦略的に〈イエスマン〉になることも重要なのです。

自らの身を守る
10の原則

6

指導ラインは周りにあわせる

例えば、服装や頭髪について自分は厳格に指導したいと思っているとします。基本的に自分の学級はその方針でやっているとします。しかし、周りの先生が意外とゆるくて、少々イライラしてしまいます。こんなとき、どうすれば良いのでしょうか。

例えば、周りの先生が服装や頭髪についてずいぶんと厳しく指導しています。しかし、自分は服装や頭髪を厳しく指導することに時間と労力を割くくらいならもっと他にやることがあるだろうに……と感じてしまいます。こんなとき、どうすれば良いのでしょうか。

結論は双方とも同じです。即ち「周りにあわせる」です。学級経営は相対的に評価されます。ですから、自分の学級だけが厳しいと「○○先生は厳しすぎる」と言われやすく、自分の学級だけが甘いと「○○先生は甘すぎる」と言われやすいのです。こうしたネガティヴな評判がついてしまうと、他の自分がやりたいこともやりづらくなります。こうした指導ラインについては、自分の信念を曲げてでも自分だけが浮くという状態を避けるほうが現実的です。

自らの身を守る10の原則

7 他の生徒の悪口は絶対に言わない

生徒や保護者に対して他の生徒の悪口やネガティヴな噂話をするのは厳禁です。私も何度かそういう事例を見たことがありますが、特に、生徒指導場面において、教師が「○○くんとつき合うな」的な発言をしたことによって、保護者クレームを伴う大きなトラブルに発展する、ということが少なくありません。そういう話は必ず本人の耳に入るものと心得ましょう。

自らの身を守る10の原則

8 男性教師は女子生徒と二人きりにならない

九十年代あたりから日本でも、男性教師が女子生徒一人と二人きりになって指導することは避けたほうがよい、という雰囲気が出来てきています。特に教育相談室や各準備室など、他の人たちから見えない密室での指導は避けたほうがよいでしょう。教育相談活動などは窓のある普通教室で行い、場合によっては戸を開けて小声で行うくらいの構えでいたほうがよいかもしれません。

自らの身を守る
10の原則

9

養護教諭・学校職員との関係を築く

学級経営・生徒指導・教育相談活動において、大切にしなければならない人間関係はいわゆる学年の教師団ばかりではありません。まず第一に、良好な人間関係を築いておきたいのは養護教諭です。校内に、養護教諭ほど各学級の実態や生徒による各教師の評判に精通している人はいません。また、校内に養護教諭ほど味方につけて心強い人もいません。彼女たちは校内で一歩引いている場合が多いのですが、総じて勉強家です。身体に関してのみならず、教育相談や特別支援教育の専門的な知識や技術を身につけている方も多くいらっしゃいます。

第二に、事務職員さんや用務員さん、業務員さん、栄養士さんなど学校職員の皆さんとの交流を深めておくことです。特に用務員さんとの人間関係を築いておくことは、生徒指導にはとても重要です。ガラスや蛍光灯が割れたり、公共物が壊れたりしたときに、気楽に修理を依頼できるか否かは、指導のストレスの度合いを左右するほどです。用務員さんは特殊な技術をたくさんもっていますし、人柄的にも面白い方が多いので、いろいろな意味で勉強にもなります。

自らの身を守る
10の原則

10 死ぬくらいなら逃げる

私は教職に就いて二十年ちょっとになります。この間、同僚や大学時代の先輩・後輩、高校時代の同期の友人など、教職に就いている近しい友人・知人の自殺を片手で余るほどに見聞きしてきました。

本節冒頭（181頁）において、いま自分が置かれている状況が苦しくても、五年後の自分はそれを成長の糧としているはずだから、未来を信じてもう少し頑張ってみましょう、そう考えましょうと私は言いました。しかし、いま現在の自分が置かれている状況が、死を考えるほどに深刻だとすれば、それは迷うことなく逃げることです。休職したって退職したって構わないのです。同僚に迷惑をかけるとか、生徒たちに申し訳ない、親に顔向けできないとか、そんなことはどうでもいいことです。確かに、教職は尊い仕事ですし、この安定した職業に就いたことを両親は喜んでくれたかもしれません。しかし、命を賭けるほどの仕事ではありません。

死ぬくらいなら、逃げてください。迷う必要はありません。それが一番良い選択なのです。

あとがき

前著『学級経営10の原理・100の原則』（以下『学級経営』）から約半年で本書を上梓できることに、格別の喜びを感じています。前著が意外にも好評を得たことによって、本書の刊行と相成りました。前著をお読みいただいた読者の皆さんに心より感謝を申し上げます。

本書は前著と内容的に重ならないようにと配慮しながらも、根本的な教師としての思想は一貫させているつもりです。また、前著では敢えて語らなかった、私が現在の学級経営・生徒指導を考えるうえでの前提としている理論的背景についても、第一章で簡単にではありますが触れさせていただきました。しかも前著でも大変お世話になったイクタケマコトさんに、漫画を添えていただくという豪華な企画まで実現しました。今回もイクタケマコトさん、そして編集の戸田幸子さんに深く感謝申し上げます。

前著『学級経営』が平成十七年度から二十年度まで四年間勤務した札幌市立上篠路中学校での実践を中心的に扱ったのに対して、本書は新卒から七年間勤務した札幌市立厚別中学校において同僚の先輩から教えていただいたことを基盤に、その後の札幌市立向陵中学校、上篠路中学校、そして現任校の北白石中学校で生徒たちや同僚の先生方と接する中で考えてきたことをまとめました。また、そうした勤務校での公的な実践ばかりでなく、私が代表を務める「研究集団ことのは」「教師力ＢＲＵＳＨ－ＵＰセミナー」など、私的な研究団体で休日返上で議論してきた内容にも多くの影響を受けています。ここで改めて、これまでお世話になった同僚の先生方、私的な研究会でいっしょに活動している仲間たちにも感謝の意を申し述べたいと思います。

私的なことで恐縮ですが、実は大学時代の同期であり、「教師力ＢＲＵＳＨ－ＵＰセミナー」の仲間でもある竹馬の友が、本書脱稿の一週間前、七夕の早朝に急逝しました。四四歳という若さでした。本書には、随所に特別支援教育を意識した主張が述べられていますが、私の特別支援教育の発想は、この急逝した友人との二十年以上にわたる議論の中で形成されてきたといって過言ではありません。実は私が本書を真っ先に読んで欲しいと考え、批判して欲しいと考えていたのはこの急逝した友人でした。この場を借りて、畏友柏葉恭延くんに感謝の意を述べるとともに哀悼の意を捧げたいと思います。

生徒指導が難しくなったといわれます。教師受難の時代ともいわれます。この時代に、更に実践と研究とを続けていくことを決意して、あとがきとさせていただきます。

二〇一一年七月一三日　柏葉恭延の魂とともに　堀　裕嗣

堀　裕嗣（ほり・ひろつぐ／公立中学校教員）

　北海道教育大学札幌・岩見沢校修士課程・国語科教育専修修了。1991年札幌市中学校教員として採用。学生時代、森田茂之に師事し文学教育に傾倒。1991年、「実践研究水輪」入会。1992年、「研究集団ことのは」設立。
　現在、「教師力BRUSH-UPセミナー」代表、「研究集団ことのは」代表、「実践研究水輪」研究担当を務める傍ら、日本文学協会、全国大学国語教育学会、日本言語技術教育学会などにも所属。
　『AL授業10の原理・100の原則』（明治図書）『スクールカーストの正体』（小学館）『学級経営10の原理・100の原則』『一斉授業10の原理・100の原則』『教室ファシリテーション10のアイテム・100のステップ』（以上学事出版）など著書・編著多数。
E-mail：hori-p@nifty.com
twitter：@kotonoha1966
note：https://note.com/hirotsugu1966/

生徒指導10の原理・100の原則
～気になる子にも指導が通る110のメソッド～

2011年10月20日　初版発行
2023年２月10日　第８版２刷発行

著　者　堀　裕嗣
発行者　安部英行
発行所　学事出版株式会社
〒101-0051 東京都千代田区神田神保町1-2-5
電話 03-3518-9655（代表）
https://www.gakuji.co.jp

編集担当　戸田幸子
編集協力　徳丸留美子
装丁・イラスト　イクタケマコト
印刷製本　研友社印刷株式会社

ISBN978-4-7619-1848-4　C3037